I0669815

Robert Forrer

Die frühchristlichen Alterthümer aus dem Gräberfelde

Robert Forrer

Die frühchristlichen Alterthümer aus dem Gräberfelde

ISBN/EAN: 9783743346932

Hergestellt in Europa, USA, Kanada, Australien, Japan

Cover: Foto ©ninafisch / pixelio.de

Robert Forrer

Die frühchristlichen Alterthümer aus dem Gräberfelde

Die frühchristlichen Alterthümer

aus dem Gräberfelde von

Achmim-Panopolis

(nebst analogen unedirten Funden aus Köln etc.)

von

R. FORRER.

Mit 18 Tafeln, 250 Abbildungen,

in Phototypie und Chromolithographie, nebst Clichéabbildungen im Text.

Strassburg i/E. 1893

Druck von F. Lohbauer in Zürich.
Phototypieen von J. Kraemer in Kehl.
Chromolithographieen von R. Fretz in Zürich.

Vorwort.

Die ebenso merkwürdigen, wie reichhaltigen Gräberfunde aus der Necropole von Achmim, der Totenstätte des antiken Panopolis, haben nicht allein dem Kunstgewerbe und der Kunstgeschichte, sondern vor
allem auch der *frühchristlichen Archäologie und Ikonographie* reiches Forschungsmaterial zugeführt. Was
das Interesse an diesen Entdeckungen noch erhöht, ist der Umstand, dass sich die vorliegenden Fundergebnisse
zum grossen Theil in ganz neuem Gewande präsentiren. Gerade das, was sonst in unseren europäischen
Fundstätten fehlt, die Gewandstoffe und die Beigaben aus Holz, Horn u. dgl., hat sich hier auffallend gut
erhalten und ist uns in ganz unerwartet grosser Zahl in den Schooss gefallen. Was also diese Necropole
bietet, ergänzt auf wunderbare Weise die Lücken, welche die Katakomben, Sarkophage und Kirchenschätze
bisher noch offen gelassen hatten. Insbesonders sind es die in dem Gräberfelde von Achmim zu Tage
getretenen Gewandreste, bestehend in Geweben, Wirkereien und Stickereien aus Leinwand, Wolle und Seide,
welche durch ihren figuralen Schmuck das höchste Interesse in Anspruch nehmen. Viel liesse sich über jedes
einzelne Object sagen, doch zog ich es vor, statt langer Beschreibung die Originale durch getreue Abbildungen
selbst sprechen zu lassen. Ich habe mich deshalb auf kurze Andeutungen beschränkt und war hauptsächlich
bestrebt, ein neues und reiches Forschungsmaterial zu erschliessen, auf Grund dessen Andere dann ein-
gehendere Studien pflegen, alte Irrthümer berichtigen und neue Thesen aufstellen können. Meine Arbeit soll
also keine abschliessende, sondern nur die Quelle sein, aus welcher Andere schöpfen und durch eigene
Forschung das gelegte Samenkorn hundertfältig nutzbar machen sollen. — Zu den Abbildungen bemerke ich
noch, dass sie zwar roh, aber wahrheitsgetreu sind. Leicht liessen sich all' diese Darstellungen, wie sie uns
die Textilien von Achmim bieten, idealisiren und dadurch geniessbarer, schmackhafter machen — die Idealisirung
kann übrigens sich ein Jeder selbst hinzudenken — wogegen die idealisirten Reproduktionen, wie sie vielfach
für Katakombenbilder, Sarkophagreliefs und Goldgläser geübt werden sind, nur zum Schaden einer auf
Wahrheit abzielenden Wissenschaft gereichen. — Wo die Funde von Achmim gewisse Lücken liessen, habe
ich als Ersatz unedirte Fundstücke deutscher, französischer und italienischer Provenienz eingeschaltet und
dadurch das gebotene Material in gewiss nicht unwillkommener Weise ansehnlich erweitert.

Strassburg i. E.

R. Forrer.

Inhalt.

Die Abbildungen.

Sämmtliche abgebildeten Fundsachen, ausser den mit bezeichneten, befinden sich in der Sammlung FORRER.

Tafel I (½ nat. Grösse).

1 u.1ᵃ *Oelfläschchen* (Thon) von Arles; Kreuze und Lorbeerkränze.
2. Oelfläschchen mit Menas in der Wüste; von Achmim.
3. Mittelbild einer analogen Flasche, in Naturgrösse, von Achmim.
4. *Weihbrodstempel* (Thon) mit Fisch, von Achmim.
5. Dito mit Taube, von Achmim.
6. Dito mit Monogramm, von Achmim.
7. Dito mit Taube, von Achmim.
8. *Taubenfigur* (Thon), aus Paris.
9. Dito, von Achmim; 9ᵃ Ansicht von oben.
10. *Hahnfigur* (Thon), von Achmim.
11. *Thonlampe*, von Achmim, mit Kreuzen und Inschrift (Henkel fehlt); 11ᵃ Seitenansicht; 11ᵇ die Inschrift abgewickelt.
12. *Kopfkissen*, von Achmim, Lederbezug mit Kreuzverzierung.

Tafel II (½ nat. Grösse).

1. *Lampe* mit Fisch, aus rothem Thon; von Achmim.
2. Dito mit Fisch und 2 Palmen; als Töpfermarke ein Kreuz aus Ringen gebildet; von Köln a. Rh.
3. Dito in Form eines Fisches; aus Aegypten (wahrscheinlich Copie.)
4. Dito mit zwei Fischen; von Mailand.
5. Dito aus weissem Thon, mit dem siebenarmigen Leuchter und als Marke die Palme; von Mailand.
6. Dito mit 2 Palmen; heller Thon; von Achmim.
7. Dito mit Palme und Fischen (oder Netzen); von Achmim. 7ᵃ Seitenansicht; 7ᵇ Ansicht von unten.
8. Dito mit dem Anker; von Achmim.
9. Dito mit dem Schiff; von Köln.
10. Dito mit Weintraube; von Achmim.
11. Dito mit 2 Palmen und laufendem Hund; als Marke ein Herzblatt; von Köln.
12. Dito mit Pfau; von Achmim.
13. Dito mit 4 kreuzweis gestellten Weinblättern; von Köln.
14. Dito mit Ochse und Palme; von Achmim.
15. Dito mit Ochsenkopf; von Köln.

Tafel III (½ nat. Grösse).

1. *Thonlampe* mit Palmen und Kreuz; von Achmim.
2. Dito mit Kreuz und P, als Marke die Palme; von Achmim.
3. Dito mit Kreuz und Palmen; von Bonn.
4. Dito mit Taube auf Oelzweig; auf dem Boden × mit Palme; von Köln.
5. Dito mit Taube auf Oelzweig; von Köln.

6 u. 7. Dito mit Löwe; auf den Seiten je 3 Reliefkreuze (vgl. Fig. 7); von Köln.

8. Dito mit Hahn; von Köln.

9. Dito mit Monogramm Christi und eingravirten Palmen; von Köln.

10. Dito mit Monogramm Christi im Kranz und mit 2 Palmen; von Mailand.

11. Dito mit Kreuz; von Mailand.

12. Dito mit Kreuz und Herzen; von Achmim.

13. Dito mit Bügelenker und auf dem Boden eingravirt das Monogramm Christi; von Achmim.

14. Dito mit Kreuz; von Köln.

15. Dito mit Kreuz und P; als Marke eine Palme oder Oelzweig; von Köln.

15ᵃ Das Kreuz von Fig. 15 in Naturgrösse.

16. Thonlampe mit Taube und Zweig; von Mailand.

17. Häretische Thonlampe mit Froschfigur; von Achmim.

Tafel IV (Naturgrösse).

1. Thonlampe mit Christus vor 3 Jüngern predigend (Bergpredigt ?); von Köln.

2. Dito mit Christus, die Schlange zertretend; von Bergamo.

3. Dito mit Christus, die Schlange zertretend; neben ihm 2 Engel, unten ein Löwe und eine zweite Schlange; als Borte Kreuze; von Arles.

4. Dito mit Hase; von Köln.

5. Dito mit Jonas im Walfisch; von Bergamo.

Tafel V (Naturgrösse).

1. Thonlampe mit 2 Tauben, ein Blatt im Schnabel, über einer Vase; von Köln.

2. Dito mit Petrus und Paulus; Petrus mit Schlüssel, Paulus mit Schwert oder Kreuzstab; von Köln.

3. Dito mit Pfau vor einer Vase, über der das Monogramm Christi; von Köln.

4. Dito mit Inschrift, Palmen und Kreuzen; von Achmim. (4ᵃ Seitenansicht; 4ᵇ Inschrift abgewickelt).

5. Dito mit Weinblättern und der Darstellung des aus dem Felsen Wasser schlagenden Moses oder des Wasser in Wein verwandelnden Christus auf der Hochzeit zu Cana, mit Inschriften; von Bonn.

Tafel VI (Div. Grössen).

1. Bronzelampe mit Christusmonogramm; von Rom. ½ Gr.

2 u. 2ᵃ Dito mit Kreuz; von Achmim.

3, 3ᵃ u. 3ᵇ Dito mit Kreuz, auf Ständer; von Salonichi.

4, 4ᵃ u. 4ᵇ Räuchergefäss (Bronze); von Achmim.

5 u. 5ᵃ Dito (Bronze) mit Scharnierdeckel.

6. Dito vom Trierer Elfenbein.*

Tafel VII (Naturgrösse).

1 u. 1ᵃ Bronzelampe in Form einer Taube; 1ᵇ Halsansicht von vorn (der eine Fuss ergänzt); von Arles.

2. Dito in Form einer Taube; an einer Kette zum Aufhängen (Ring und Deckel ergänzt); von Achmim.

3. Dito in Form eines Oelkruges, mit Kettchen zum Aufhängen; von Achmim.

4. Dito mit Taube am Henkel; von Achmim.

Tafel VIII (Div. Grössen).

1. (⅓ Gr.) Priesterliche Stola aus Leinwand mit seidenen Reliquienbelagstücken. Beginn der II. Hälfte des I. Jahrtausend; von Achmim.

2. (Nat. Gr.) Stoffborte mit Auge, in weiss auf schwarz, circa IV. Jahrhundert; von Achmim.

3. (²/₃ Gr.) Walfisch in einem vielfarbigen byzantinischen Clavus, circa VII. Jahrhundert; von Achmim.

4. (Nat. Gr.) Ende eines rothen Clavus auf grünem Gewandstoff mit T Kreuz und weisser Schlingrier. IV. Jahrhundert.

5 u. 6. (Nat. Gr.) Eucharistische Vase mit Weintraube, schwarz auf weiss, von einem viereckigen Clavus. circa III. Jahrhundert; von Achmim.

7. (Nat. Gr.) Eucharistische Vase auf einer vielfarbigen byzantinischen Wirkerei, circa VII. Jahrhundert.

8. (Nat. Gr.) Clavus mit Herzornament, circa IV. Jahrhundert.

9. (½ Gr.) Hahn in roth, blau und grüner Linienzeichnung auf rohem Leinen. Byzantinisch (V—VII Jahrhundert).

10. (²/₃ Gr.) Orante vom untern Ende eines Clavus, in Seide gestickt, circa VII. Jahrhundert; von Achmim.

11. (½ Gr.) Kreuz und Tänzer, von einem Clavus mit schwarzvioletter Zeichnung auf weissem Grund, circa IV. Jahrhundert; von Achmim.

12. Inschrift: „Der Herr Jesus, der Christus, er segnet. Er hütet (und) wacht über . . . . .", mit Seide eingestickt, circa VII. Jahrhundert; von Achmim.

13. u. 13ᵃ Oelfläschchen mit dem Bilde des hl Menas, Oelzweig und Inschrift; von Achmim.

14. Thonlampe mit Lorheerzweig, von Achmim.

15. Rauchfass nach einer Mosaik in Ravenna mit den Priestern Justinians († 565). *

Tafel IX (Div. Grössen).

1, 1ᵃ u. 1ᵇ Oelfläschchen (Thon) mit Inschrift; von Achmim.

2. Dito mit Menaskopf und Inschrift.

3. Weihbrodstempel (Thon) mit Dreiecken; von Achmim.

4. Dito (Thon) mit Radkreuz; von Achmim.

5. Dito (Thon) mit Inschrift und Kreuz; von Achmim.

6. Dito (Stein) mit Kreuz und Monogrammen; von Achmim.

7. Holztafel mit aufgemalter 8zeiliger Inschrift und doppeltem Monogramm Christi; von Achmim.

8. Gewandstoff mit dem Opfer Isaaks, schwarz auf weiss; von Achmim.

9, 9ᵃ u. 9ᵇ Byzantinische Bronze-Bulla mit Apostelfiguren und St. Georg; von Achmim.

10. Bronzestylus mit Hahn und eingelegtem, frei rollendem Steinchen; von Achmim.

11. Bronzekreuz (hohl zur Aufnahme einer Reliquie) mit Maria als Orans und den Apostelmedaillons.

12. Dito (Vortragekreuz?); von Achmim.

13. Drei Goldglasperlen; von Achmim.

Tafel X (Naturgrösse).

1. Stylus aus Bronze mit Palme und Monogramm Christi; aus Rom.

2. Stylus mit Hahn; aus Paris.

3. Dito mit Kreuz; Mann mit Kreuz und Taube; aus Arles.

4. Schuurhand aus Bronze; 4ᵃ und 4ᵇ Seiten- und Unteransicht; aus Arles.

5. *Schwurhand* aus Bronze; von Achmim.
6. *Gürtelschnalle* von Bronze mit Kreuz und Palmen; von Achmim.
7. *Taubenfibel* aus Bronze; von Trier.
8. „ „ „ „ Achmim
9. „ „ „ „ aus Südfrankreich.
10. „ „ „ „ dem Canton Tessin.
11. *Pferdchen* aus Bronze als Fibel oder dgl.; von Köln.
12. *Kreuzchen* aus Blei oder Zinn; von Arles.
13. Dito mit zwei Tauben, aus Bronze; von Achmim.
14. *Fibel* in Kreuzform, aus Bronze; von Achmim.
15 und 16. *Hornkreuzchen*; von Achmim.
17 und 18. *Bronzekreuzchen*; von Achmim.
19 und 20. *Ohrgehänge* aus Bronze mit Kreuzen; von Achmim.
21. *Agrafe* aus Bronze, mit Kreuz; von Achmim.
22. *Scramasaxbelag* aus Bronze, mit Hakenkreuz; von Achmim.
23. *Gürtelende* aus Bronze, mit Kreuz; von Achmim.

Tafel XI (Div. Grösse).

1. *Bulla* aus gelbem Horn mit Taufe Christi; Johannes, Engel und Taube; von Achmim.
2. Revers von Nr. 1; Geburt Christi: Das Christuskind in der Krippe, Maria, Joseph, 2 Ochsen, Sonne und Mond und der Stern von Bethlehem; von Achmim.
3. *Bulla* aus schwarzem Horn, mit St. Georg, den Drachen tötend; von Achmim.
4. Revers von Nr. 3; zwei Heilige mit Kreuzen neben einem grossen Kreuze.
5. *Pyxis* bezw. Capsa oder Reliquiar aus Holz, mit Kreuz, Alpha und Omega; von Achmim. 5a und 5b Ansicht von oben und die Skulpturen abgewickelt.
6. *Liturgischer Kamm* aus Holz, mit Kreuzen und Ringen; von Achmim.
7. *Liturgischer Löffel* in Fischform, aus Holz; von Achmim.
8. *Weihbrodstempel* aus rothem Thon, mit Kreuzen und Palmen; aus Südfrankreich.

Tafel XII (Naturgrösse).

1. *Liturgischer Holzkamm*, von Achmim, mit Relief; Daniel in der Löwengrube; als Randverzierung eingravirte Kreise.
2. Revers von Nr. 1; Susanna zwischen zwei Löwen; von Achmim.

Tafel XIII (Naturgrösse).

1 und 1a *Goldenes Kreuz* mit Türkise, aus Rom; circa IV. Jahrhundert.
2. *Goldagrafe* mit Petrus und Paulus, darüber Sterne und Kreuz, von Achmim; circa III.—IV. Jahrhundert.
3. Dito mit Maria und Jesuskind auf Thronsessel, von Rom; circa IV.—V. Jahrhundert.
4 *Agrafe* mit vergoldeter Silberplatte, mit Maria und Jesuskind, davor die 3 Könige, darüber ein Engel und im untern Abschnitte die Geburt Christi mit Anbetung der Hirten, circa V. Jahrhundert; aus Rom.
5 und 5a *Goldfingerring* mit Achatgemme mit Fischen, und Anker, circa III. Jahrhundert; aus Rom.

6, 6a, 6b und 6c *Fingerring mit drehbarer Silberplatte, mit* eingravirter Inschrift und den Bildern der Maria und des Erzengels Michael auf den beiden Seiten, circa V.—VI. Jahrhundert; aus Rom.
7. *Silberfingerring* eines Kindes, vergoldet und mit eingravirtem Monogramm IRENE, IV. Jahrhundert; von Mailand.
8. *Ohrgehänge* mit Goldglas- und andern Perlen und Delphinkopf, Bronze, von Achmim; circa II. Jahrhundert.
9. *Fibel* mit Pfauenfigur, Bronze, versilbert, von Achmim; ca. III.—IV. Jahrhundert.
10. *Glaspaste* mit der Geburt Christi; circa V. Jahrhundert.
11. Dito mit St. Christoph, das Christuskind tragend; circa VI.—VII. Jahrhundert
12. *Agrafe*, mit Orante zwischen 2 Vögeln, von Achmim; circa V. Jahrhundert.
13 *Fibel* in Taubenform, Bronze, versilbert, von Achmim; circa IV. Jahrhundert.
14. *Blattgoldkreuz*, von Achmim; circa V. Jahrhundert.
15. *Goldkreuz*, von Mailand.
16. *Longobardisches Blattgoldkreuz* mit Christusköpfen; aus der Sammlung Ancona, Mailand.
17. *Goldglas* mit Apostelfigur; von Köln.
18. Dito von gleicher Provenienz.
19. *Bleifigur des Lazarus* (als Mumie); von Achmim.
20. *Fingerring* mit Pellikan, Bronze; von Achmim.
21. *Grosse Perle* aus grün glasirter Masse mit liegendem Kreuz; von Achmim.
22. *Grosser Palmzweig* aus getriebenem Silberblech; von Achmim.

Gewandstoffe von Achmim.
Tafel XIV (Div. Grösse).

1. *Crux ansata* mit Inschrift und Kreuzen. Ca. IV. Jahrh.
2. *Henkelkreuz* mit eingelegtem Monogrammkreuz. Ca. IV. Jahrhundert.
3. *Byzantinische Rose* mit eingelegtem Kreuz. IV.—V. Jahrb.
4. *Rond* mit eingelegtem Kreuz (Weihbrod ?). III.—IV. Jahrb.
5. *Rond* mit *Christusmonogramm* und *Alpha et Omega*. IV. Jahrhundert.
6. *Christusmonogramm* auf einer Stickerei. Ca. V. Jahrh.
7. Dito auf einem Pflanzenblatte.
8. *Drei Kreuze.* III.—IV. Jahrhundert.
9. *Lamm Christi* mit vexillum. IV Jahrhundert.
10. *Kreuz*, zu Fig. 5 gehörig.
11. *Fisch* mit Omega. III. Jahrhundert.
12. *Kreuz* mit eingelegtem X
13 u. 14. *Kreuze* als Mustervereinigen eines Stoffes des VI.—VIII. Jahrhunderts.
15. *Clavus* mit Fischen und Kreuzen. Ca. V.—VI. Jahrhundert.
16. *Tauben* zwischen einem Kelche; Radkreuze als Verzierung. IV. Jahrhundert.

Tafel XV (Naturgrösse).

1. *Christus, als guter Hirte*, überreicht Petrus ein Schaf („Weide meine Schafe"). IV. Jahrhundert.
2. *Petrus* nimmt die Schafe in Empfang (zu Nr. 1 gehörig). IV. Jahrhundert.
3. *Borte* mit Fischen und Tauben. IV. Jahrhundert.

Einleitung.

Das Gräberfeld von Achmim, in Ober-Aegypten, bildete während mehreren Jahrhunderten den Begräbnissplatz für die Bewohner der antiken Stadt Panopolis. Mit ziemlicher Sicherheit darf angenommen werden, dass diese Necropole schon im Laufe der ersten drei Jahrhunderte nach Christus ihre Benützung erhielt, dann durch die Zeiten der byzantinischen Herrschaft ausgedehnte Verwendung fand und erst nach der eingetretenen Occupation Aegyptens durch die Araber allmählig in Vergessenheit gerieth. Jene Epoche, welche in dem Gräberfelde von Achmim am reichsten vertreten sich zeigt, ist die Periode vom vierten bis siebenten Jahrhundert nach Christus. — In der Art der Bestattung lehnt sich der ägyptische Christ insoweit noch an diejenige seiner Vorfahren an, als auch er noch den Toten einbalsamirt, und mit dessen Gewändern angethan, in Binden eingehüllt, als Mumie der Erde übergiebt. Als Totenkleid gab man dem Verstorbenen bald nur eines der von ihm im Leben getragenen Gewänder, bald aber auch ein spezielles Funeralgewand mit. Dazu fügte man Schmuck, den der Verblichene einst getragen hatte, und Geräthe, welche seinen einstigen Stand symbolisirten. Der Schreiber erhielt seinen Stylus oder sein Schreibzeug mit, der Jäger seine Pfeile, der Weber seine Webergeräthe, dem Korbmacher gab man ein Körbchen mit, dem Giesser eine Gussform u. s. w. Einer Frau gab man als Symbol einstiger Fruchtbarkeit einen Pinienzapfen, einem Kinde seine Puppe bei. Alles hat uns der trockene Boden von Achmim in wunderbarster Weise conservirt und nach 1000—1500-jährigem Schlummer sehen wir heute hier die prächtigsten Stoffe, ganze Gewänder, interessante Geräthe und werthvolle Kultusobjecte an's Tageslicht treten!

Die Oelfläschchen als Totenbeigaben.

Die hauptsächlich in Aegypten vorkommenden Oelfläschchen des heiligen Menas haben sich in der Necropole von Achmim in so starker Zahl gefunden, dass man annehmen muss, dass sie sich bei den ägyptischen Christen als Totenbeigaben einer besonderen Beliebtheit erfreuten. Diese kleinen Thonfläschchen, wie man sie zur Aufbewahrung heiligen Oeles benützte, d. h. jenes Oeles, welches an den Gräbern von Märtyrern gebrannt hatte, zeigen in der Mehrzahl das Bild des zwischen zwei Kameelen stehenden Menas in der Wüste (Fig. 2 und 3, Taf. I, Fig. 13, Taf. VIII). Unser Fundort hat aber eine Anzahl interessanter Varianten geliefert, welche die Entwicklung dieser „Menasfläschchen" etwas genauer studiren lassen. In Fig. 13, Taf. VIII trägt Menas einen deutlich ausgeprägten Nimbus, die Gewandung lässt leicht erkennbar einen Mantel und eine Tunika sehen, und die Kameele sind als solche durch die Höcker characterisirt. Andere Fläschchen sind von roherer Modellirung und es macht sich diese Verflachung besonders im Fehlen des Nimbus und in der Entstellung der Kameelfiguren bemerkbar. In die Categorie dieser zweifellos zeitlich bedeutend spätern Producte gehören die Olearien Fig. 2 und 3, Taf. I. Sie unterscheiden sich von jenen der erstgenannten Art auch dadurch, dass ihnen zumeist die rückseitige Inschrift: EYAOΓIA TOY AΓIOY MHNA † fehlt und statt dessen die Rückseite dasselbe Bild trägt, wie es die Vorderseite führt. Zu den ältern Menasfläschchen zählen ferner die auf Achmim gefundenen Fig. 1 und 2, Taf. IX. Es sind Flacons, die sich von den eben besprochenen wesentlich unterscheiden. Das eine Stück lohnt sich in seiner Form an die vorbesprochenen ägyptischen Fläschchen, trägt aber statt der Menasfigur einen lockigen Männerkopf, anderseits indessen wiederum die Inschrift: EYAOΓIA TOY AΓIOY MHNA. Der andere Oelbehälter trägt in etwas veränderter Form dieselbe Inschrift, hat aber die Gestalt der henkellosen Ampullen von Mouza. Abweichend hievon ist das in Achmim gefundene Thonfläschchen Fig. 1, Taf. I, mit beidseitigem Lorbeerkranz und Kreuz auf der einen, T-Zeichen auf der andern Seite.

Die christlichen Thonlampen.

Eigneten sich die Katakomben, die Steinsarkophage und die aus Ziegeln aufgebauten Gräber zur Aufnahme von Lampen vorzüglich, so boten hingegen die ohne Sargumhüllung bestatteten Mumien von Achmim weniger Raum und Schutz für Lampen, Gläser und ähnliche zerbrechliche Gegenstände. Gleichwohl fehlen auch diese nicht, nur ist ihre Zahl eine sehr geringe. — Sämmtliche Lampen von Achmim documentiren sich in ihrer Form als Arbeiten der byzantinischen Epoche. Das älteste Exemplar von unserer Fundstätte ist zweifellos die kleine rothe Thoulampe Fig. 13, Taf. III, die sich in ihrer Form noch an die Lampen des —III. Jahrh. anlehnt; aber die Reliefdarstellung, ein Bigalenker, ist schon auffallend roh und auch das auf dem Boden (nach dem Brande) eingeritzte constantinische Monogramm Christi beweist, dass wir es mit einem Producte des IV. Jahrhundert zu thun haben. Das Christusmonogramm auf dem Boden legt es zugleich nahe, dass hier der Bigalenker den vorwärtsstrebenden Christen symbolisirt. Wesentlich jünger ist jedenfalls die Achmim-Lampe Fig. 12, Taf. II, mit dem Pfau in jener Auffassung, wie er auch in den Stoffen wiederkehrt, d. h. mit dem langgestreckten Schweife statt des Rades. Wichtiger ist die auf Taf. V in Fig. 4, 4a und 4b in Naturgrösse abgebildete Lampe mit Palmenkranz, Kreuz und der Inschrift: TOY AΓIOY ΠANTOΛEWN. Es wäre dies also eine Lampe, welche am Grabe des heiligen Pantaleon gebraucht hat. Damit gesellt sich zu den bereits bekannten Lampen mit den Inschriften TOY AΓIOY ΠOΛYOCTOC und OAΓAΘOC CAKEPΔOC, eine dritte Schwester. Und noch eine vierte Lampe von Achmim trägt eine längere Inschrift. Es ist dies

unsere Figur 11, 11ᵃ und 11ᵇ, Taf. I, mit Kreuz- und Blattverzierungen und der Inschrift: *EI CO NOMATWIII*
Ks TWYIWKs TWALIWHSI, also: „In dem Namen des Vaters, des Sohnes und des heiligen Geistes"
wobei *χρι* und *πνι* Abkürzungen für *πατρι* und *πνευμαν* sind. Auch die Form dieser Lampe ist beachtens
werth, denn sie weicht in hohem Grade von den übrigen ab, indem sich der Lampenkörper kugelartig erweitert
die Dochtöffnung aber röhrenförmig nach oben steht, als hätte man es mit einem Trinkgefässe zu thun. Ein
fünfte Lampe von Achmim (Fig. 17, Taf. III) hat Eigestalt und zeigt auf der obern Seite einen *Frosch*, analog
den von Le Blant „Note sur quelques lampes égyptiennes en forme de grénouilles" beschriebenen *häretische*
Lampen, was insofern von besonderem Interesse ist, als sie darzulegen scheint, dass auch Häretiker in Achmim
beigesetzt wurden, dass also die Trennung der Toten hier keine so strenge war, wie in Rom und andern
Theilen der christlichen Reiche.

Andere Lampen von Achmim zeigen *Lorbeerkränze* (Fig. 14, Taf. VIII), *Palmzweige* (Fig. 6, Taf. I
und *Weintrauben* (Fig. 10, Taf. II). Eine weitere Lampe dieser Provenienz trägt den *Fisch* (Fig. 1, Taf. II
eine andere den *Anker* (Fig. 8, Taf. II); jene von Fig. 14, Taf. II, einen *Ochsen mit darüber gestellter Palm*
Fig. 1, 2 und 12, Taf. III das *Kreuz* in verschiedener Gestalt. Endlich sei hier noch im Besondern auf di
ebenso seltene, wie seltsame Lampe Fig. 7, 7ᵃ und 7ᵇ, Taf. II, aufmerksam gemacht, welche den Henkel i
der Mitte angebracht trägt und durch ihre Form, wie ihre rohe Zeichnung, sich als aus sehr später Zei
datirend erweist.

Die andern Lampen sind in ihrer Mehrzahl Kölner Funde von Sanct-Severin, welche, wie die dortige
Gläserfunde, ein bedeutendes Interesse verdienen und daher ergänzend hier eingeschaltet sind. Sie führe
uns von der früheren Kaiserzeit bis in die byzantinische oder carolingische Epoche und veranschaulichen am
das Instructivste die Umbildung der Lampenform im Laufe der Jahrhunderte. In die erste römische Kaiserze
gehört noch die elegante Lampe Fig. 9, Taf. II mit dem Schiff in vollendeter Modellirung. Auch die Lampe
Fig. 13, Taf. II, mit *Weinblättern*, und Fig. 4, Taf. III, mit *Taube auf Oelzweig*, zählen hierhin. Kaum würd
man — in Folge der frühen Lampenform und der vorzüglichen Zeichnung des Mittelbildes — dies Stück fü
ein christliches Product der ersten Jahrhunderte halten, aber das auf dem Lampenboden vor dem Brande ein
geritzte Zeichen ✕ mit der darüber gestellten Palme beweisen den christlichen Character unwiderleglich. Im IV
Jahrhundert verliert sich allmälig die elegante Form der Lampen und mit ihr die Schärfe und Schönheit de
Zeichnung. Der bisher ringförmige Henkel schrumpft jetzt zu einem einfachen, plumpen Ansatze zusammen
(vgl. Fig. 4 und 11, Taf. II etc.) oder man lässt ihn ganz weg (wie bei Fig. 1, 2, 5, 8 etc., Taf. II); wo e
bleibt, macht man ihn dicker und er wird hiedurch solider, verliert aber an Formenschönheit. Viele Kölne
Lampen datiren aus dieser Epoche und es sind dahin zu zählen: Fig. 11, Taf. II, mit *Palmzweigen un*
springendem Hund, Fig. 15, Taf. II, mit *Stierkopf*, Fig. 8, Taf. III, mit *Hahn*, Fig. 9, Taf. III, mit *Palme*
und Christusmonogramm, sowie Fig. 14, Taf. III mit *Kreuz*. Das fünfte und sechste Jahrhundert gibt de
Lampen einen zwar langgestreckten, aber trotzdem plumpförmigen Character. Die Ringhenkel sind nahez
ganz verschwunden, die Lampe hat Eiform erhalten und die Ornamentation zeigt durchweg die Anordnung
wie sie bei den Lampen von Taf. IV und Fig. 1—3, Taf. V, zum Ausdruck kommt. Dahin zählen d
Kölner Lampen mit *Löwe* und *Hase* (Fig. 6, Taf. II und Fig. 4, Taf. IV), mit *Christusmonogramm* Fig. 1
Taf. III, Fig. 1, Taf. IV mit *Christus, den Jüngern predigend* (Bergpredigt?) [1]), Fig. 4, Taf. IV, mit *Has*
Fig. 1, Taf. V, mit *Tauben über der eucharistischen Vase*, Fig. 3, Taf. V, mit dem *Pfau vor einer Vas*
darüber das Christusmonogramm, und Fig. 2, Taf. V, mit den *Aposteln Petrus und Paulus* (Copie?). Besondere
Interesse beanspruchen endlich die *Fischlampen*, Fig. 2, 3 und 4, Taf. II, diejenige mit dem *siebenarmige*
Leuchter, Fig. 5, Taf. II, ferner jene mit dem *Christusmonogramm* (Fig. 10, Taf. III), mit dem *Kreu*
(Fig. 2 und 11, Taf. III), mit *Jonas im Walfisch* (Fig. 5, Taf. IV), mit *Christi Weinvermehrung* (Fig. 8
Taf. V) und mit dem *die Schlange zertretenden Christus* (Fig. 2 und 3, Taf. IV). Zahlreiche der hier zu
Darstellung gelangten Symbole und Scenen sehen wir in ähnlicher oder auch in ganz neuer Form auf de
Gewandstoffen unserer Necropolis sich farbig wiederholen.

---

[1]) Ist so die Darstellung dieser schwer deutbaren Lampe zu lesen? Garucci (tav. 476, 6) und Liell (pag. 228) bilde
das Fragment einer ähnlichen Thonlampe des Kircherianum ab. Beide vermuthen darin eine Anbetung des Christuskindes durc
die drei Könige, wohingegen das vorliegende, vollständig und deutlich erhaltene Exemplar jene Deutung widerlegt.

Die christlichen Bronzelampen.

Achmim hat uns die interessante, leider sehr defecte Lampe Fig. 2, Taf. VI, geliefert, sich auszeichnend durch die mit einem grossen *Kreuze* geschmückte Handhabe. Letztere ist mit jenen kleinen Kreisen mit Centralpunkt geziert, wie sie in gleicher Weise auch zahlreiche christliche Thonlampen, ferner die Holzkämme, viele Schmucksachen und andere Geräthe von Achmim tragen, und wie sie in gleicher Art und Anwendung zu derselben Zeit auch in europäischen Völkerwanderungs- und selbst noch in Carolingergräbern wiederkehren. Eine andere Lampe aus unserer Necropole (Fig. 3, Taf. VII) hat die Form eines bauchigen Kruges, an den sich die Dochtzunge anlehnt. Sie hat nur sehr geringes Volumen, ebenso die Lampe Fig. 2, Taf. VII, deren Körper eine *Taube* bildet. Beide tragen Kettchen, an denen sie aufgehängt wurden — vielleicht in Märtyrergräbern, um nachher, mit heiligem Oele versehen, als Funerallämpchen den Toten beigegeben zu werden. Interessant ist auch die Bronzelampe Fig. 4, Taf. VII durch die dem Henkel aufgesetzte, sich zu dem Becken niederneigende Taube — eine plastische Wiedergabe jener häufig verkommenden frühchristlichen Darstellung der an einem Becken oder Kelche nippenden Vogelgestalten. Von höchstem Werthe endlich ist die prächtige *Bronzelampe Fig. 1, Taf. VII, in Form einer fast naturgrossen Taube.* Ihr Schwanzende zeigt eine weite Oeffnung zum Einsetzen des Dochtes, eine obensolche, von Dreiecksform und mit einem Scharnierdeckelchen verschliessbar, ist oben auf dem Rücken des Vogels angebracht. Wahrscheinlich war die Lampe dazu bestimmt, auf einem Gestelle zu sitzen, das die Taube in die ihr gehörige Stellung brachte. Um den Hals trägt sie einen Kranz von herzförmigen Blättern, deren Stiel unten in zwei Kugeln endigt. Es sind dies dieselben Herzblätter, wie sie uns auf den Lampen Fig. 12, Taf. III und Fig. 1, Taf. V, sowie besonders häufig auch in den Stoffen der byzantinischen Zeit als Musterung begegnen; zweifellos haben sie also, wie die Taube selbst, eine symbolische Bedeutung. Die Taube wendet den Kopf nach rechts und zeigt auf Brust und Hals in zartester Gravirarbeit angedeutete Befiederung; die Schwanzfedern treten plastisch hervor und sind, durch Gravirung unterstützt, bis in alle Détails naturgetreu wiedergegeben. Bewundern wir im Ganzen die naturalistisch durchgeführte Modellirung, so beobachtet man anderseits in der Darstellung der Augen und der Flügel eine beginnende Stilisirung, die nicht zu verkennen ist. Insbesondere die Flügel zeigen schon jene scharfe Trennung von Achselstück- und Schwungfedern, die zur romanischen Epoche dann so ausgeprägt zum Ausdruck kam und den Vogelgestalten dieser Epoche einen eigenartig archaischen Character verlieh. Müssten wir also dies Stück datiren, so würden wir es in das IV.—V. Jahrhundert nach Christus setzen. Eine andere Bronzelampe trägt in der Henkelscheibe das Christusmonogramm *XP*, Fig. 1, Taf. VI, eine siebente (Fig. 3, Taf. VI) als Bekrönung der schön geschwungenen Handhabe das *Kreuz*. Was die letztere Lampe noch besonders auszeichnet, ist die Vorrichtung zur Abnahme der Lampe, bestehend in einer vierekigen Zapfenendigung, in welche eine entsprechende Höhlung der Lampe passt, so dass diese auf dem Ständer fixirt werden konnte. Fast möchte man versucht sein, diesem seltenen Prachtstücke eine Bestimmung als Altarlampe beizulegen.

Frühe Räuchergefässe.

Sind die Oelfläschchen und Lampen, sowie die weiter unten zu behandelnden Schmuckgeräthe mit christlichen Symbolen mehr als Totenbeigaben für Laien aufzufassen, bestimmt, deren Christenbekenntniss auszudrücken, so bilden dagegen die Rauchfässer, liturgischen Löffel u. dgl. priesterliche Attribute, welche man sich nur als Beigaben bei den Leichen hoher Personen *geistlichen* Standes denken kann. Dass sehr hohe geistliche Würdenträger hier ihre Ruhe fanden, beweist am sichersten das bischöfliche Pallium, dessen Besprechung im Capitel über liturgische Ornatstheile folgt. Hier sei auf das seltsame Räuchergefäss Fig. 4, Taf. VI, aufmerksam gemacht, das sich durch seine Form als aus relativ früher Zeit zu erkennen giebt. Wie das Mannheimer Thuribulum, das nach Kraus dem IV. Jahrhundert angehört, so hat auch unser Weihrauchfass drei Füsse. Die Wandung ist sechsflächig und legt sich oben wagrecht nach aussen um. Die Wände und die Aussenseite des Bodens tragen als Verzierung je drei grosse, ineinandergelegte (eingravirte) Ringe mit einliegendem Mittelpunkt. Drei kurze Ketten, die oben in Haken auslaufen, machten das Weihrauchfass zum Tragen, Aufhängen und Schwingen geeignet. Offene Rauchfässer dieser Art weist das berühmte Trierer Elfenbeinrelief auf. Dort sehen wir in den obern Fensternischen Zuschauer aufgestellt, welche Weihrauchfässer in den Händen halten. Die Form derselben ist die in Fig. 6, Taf. VI veranschaulichte[1]). Es sind oben offene, wenig tiefe Gefässe, die an drei kurzen Ketten hängen. Das Trierer Bildwerk wird dem VI. Jahrhundert zugeschrieben und eben dieser Zeit wird auch unser Rauchfass angehören. Es bestätigt sich diese Datirung durch einen Vergleich mit dem auf der Justinianischen Mosaik zu Ravenna in der Hand eines Priesters abgebildeten Rauchfasse Fig. 15, Taf. VIII. Dieses zeigt, wie das unsrige, eine oben offene, am Rande nach aussen umgebogene Beckengestalt; auch hier drei kurze Füsse und auch hier drei Ketten, welche vom Rande aus nach oben in einen Ring verlaufen.[2]) Unser zweites Rauchgefäss ist das in Fig. 5, Taf. VI abgebildete. Auch dieses nähert sich in manchen Punkten dem Mannheimer Exemplar. Seine Deckelverzierung ist ganz ähnlich, bestehend in einem aus einem Kelche herauswachsenden knospenartigen Knopfe. Und wie das erwähnte rheinische Exemplar, so hat auch dieses ein Scharnier zum Aufklappen des Deckels. Die spätern Rauchfässer dagegen führen senkrecht laufende Röhren, durch welche lange Ketten giengen, so dass ein Heraufziehen des Deckels möglich war. Das Untertheil des Rauchfasses entspricht genau der Kelchform, wie sie unsere Stoffe Fig. 16, Taf. XIV, Fig. 7, Taf. XVII und Fig. 12. Taf. XVIII vorführen und es darf daher auch dieses Rauchfass in die Mitte des I. Jahrtausend n. Chr. datirt werden. Ziehen wir das Mannheimer Räuchergefäss noch hinzu, so haben wir also für diese Epoche nicht weniger als drei verschiedene Formen zu constatiren. Die Darmstädter ist die älteste, reichste und steht der Antike am nächsten. Diejenige von Fig. 4, Taf. VI, lehnt sich an jene an und ist gewissermassen eine vereinfachte Wiedergabe aus nur wenig jüngerer Zeit. Das Rauchfass Fig. 5, Taf. VI zeigt sodann, wie man in der II. Hälfte des I. Jahrtausend die Beckenform verliess und an ihre Stelle die Kelchform setzte. Daraus entwickelte sich in den folgenden Jahrhunderten die romanische Rauchfassform, wie sie aus Abbildungen und Originalen genugsam bekannt ist. In diese Periode gehören die in der Mosaik der Geburtskirche zu Bethlehem dargestellten Rauchfässer. Sie characterisiren sich durch ihren *kurzen* Fuss und den nach oben in den Ketten aufschiebbaren Deckel; die Ketten selbst haben sich bedeutend verlängert. Die gothische und die folgenden Perioden endlich behielten den kurzen Fuss bei, erhöhten aber den Deckel thurmähnlich, versahen ihn mit zahlreichen Durchbrechungen und verlängerten die Ketten in's Unendliche.

Die Weihbrodstempel.

Eine überaus seltsame Erscheinung bildet unter den Funden von Panopolis das mehrfache Vorkommen thönerner Stempel, die zweifellos als Geräthe aufzufassen sind, mit welchen man dem Brode vor dem Backen auf der obern Fläche ein Bild aufdrückte. Kaum kann es einem Zweifel unterliegen, dass man es hier mit den Stempeln zu thun hat, welche zur Zeichnung der *eucharistischen Brode* bestimmt waren. Daraufhin deutet der figurale Inhalt dieser Formen: Eine derselben zeigt in erhabenen Linien (so, dass das Bild im Abdrucke vertieft sichtbar wurde) den *Fisch*, Fig. 4, Taf. I, eine andere, Fig. 7, Taf. I, in gleicher Weise eine *Taube* und eine dritte, ebenfalls mit en relief gearbeiteten Linien, Fig. 6, Taf. I, trägt ein *monogrammartiges Zeichen*, das auffallenderweise auch auf der Seidenwirkerei Fig. 25, Taf. XVI sich wiederholt. Dies weist darauf hin, dass man es nicht bloss mit einem Privatmonogramm, sondern mit einem zweifellos religiösen solchen zu thun hat. Vielleicht bedeuteten die darin enthaltenen *I* und *M* ein Jesus-Maria? Ein fünfter solcher Stempel, Fig. 3, Taf. IX, hat zwei auf einander gelegte *Dreiecke* — Symbole der Trinität — und ein sechster, Fig. 4, Taf. IX, zeigt das *Radkreuz*. Endlich gehören hieher noch zwei *steinerne* Brodstempel, davon der eine als Mittelbild das *Kreuz* und darum die Inschrift *ΗΖΤΕΤΙΓΗ* führt (Fig. 5, Taf. IX). Der andere, Fig. 6, Taf. IX, enthält in der durch das Kreuz geviertheilten Fläche die Buchstaben $\overline{IC} - \overline{XC} - \overline{IC} - \overline{ΘΥ}$. Der Gebrauch dieser Geräthe als Hostienstempel ist damit auf das sicherste

---

[1]) Abbildung nach einem im Besitze des Verfassers sich befindlichen, genauen Abgusse des Originals

[2]) Auch das Elfenbein des hl. Stefanus (vgl. Paciaudi, De cultu s. Joan. Bapt. 389, und Kraus, R. E. II pag 822) des ca. VI. Jahrh. zeigt ein rundes, oben offenes und an drei Ketten hängendes Rauchfass.

erwiesen. Die Steinstempel trugen einen in der Mitte vortretenden Zapfen als Handhabe, die Thonstempel angesetzte Bogenhenkel. — Auch aus Süd-Frankreich können wir einen solchen Thonstempel vorführen, Fig. 8, Taf. XI. Seine Handhabe ist von etwas anderer Art und der Thon ist stärker gebrannt. Als Bild hat er ein eingravirtes Kreuz mit Palmen, darüber einen Säulenbogen; ausserdem sind in den Stempel, selbst mit Stempeln, kleine Ronds eingedrückt, deren Mitte ein Kreuz aufweist. Es bilden diese Weihbrodstempel eine derart neue und eigenartige Erscheinung, dass sich eine weitere Verfolgung dieses Gegenstandes empfehlen würde.

Eine Holzpyxis mit Skulptur.

Wie es als ein ungewohntes Vorkommniss gelten mag, dass Rauchfässer, Weihbrodstempel, liturgische Kämme und liturgische Löffel in Achmim den Toten beigegeben wurden, so mag es auch seltsam erscheinen, dass sich dort eine *hölzerne Pyxis* — Fig. 5, Taf. XI — gefunden hat. Es ist dies ein cylindrisches Gehäuse aus Holz, dessen Boden und Deckel fehlen. Auf der Vorderfläche zeigt die Wandung ein en relief skulptirtes *Kreuz* und zu dessen Seiten eingeschnitten die biblischen Buchstaben *Alpha* und *Omega* in der in Fig. 5 b, Taf. XI skizzirten Form. Zweifellos haben wir hier eine Pyxis zur Aufnahme der Hostie vor uns, möglich aber auch ist es, dass dies die Capsa war, die das Heiligste umschloss und selbst erst in einer reicher geschmückten, wohl elfenbeinernen Pyxis ruhte. Daraufhin deutet die Kleinheit dieser Holzpyxis im Verhältniss zu den bekannten Elfenbeinpyxiden derselben Zeit, sowie ihre geringe Verzierung. Auch an einen Behälter für eine dem Toten beigegebene Reliquie liesse sich denken und hätten wir in diesem Falle eine Art frühes Reliquiar vor uns. Das Alter dieses interessanten Stückes — Reliquiar oder Capsa bezw. Pyxis — dürfte ein ziemlich hohes sein und ist dieser Fund möglicherweise noch dem IV.–V. Jahrhundert zuzuweisen.

Ein liturgischer Löffel.

Die Fundverhältnisse sind leider in Europa derart, dass nur äusserst selten Holzgeräthe des Alterthums in halbwegs guter Erhaltung auf uns gekommen sind. Um so erfreulicher ist es, dass Aegypten nun auch für die frühchristliche Zeit seinen Schooss geöffnet und damit in Folge seines trockenen Bodens auch mit Uten-silien aus Holz uns beschenkt hat. Zu den interessantesten dieser Art gehört der hölzerne Löffel Fig. 7, Taf. XI, der auf das Deutlichste die *Form eines Fisches* zeigt, dessen Schwanzparthie die Handhabe und dessen wenig tief ausgehöhlter Körper die Schaale bildete. Schon das alte Reich Aegyptens liebte es, die Löffel aus Holz zu schnitzen und sie durch figürlichen Schmuck zu zieren. Auch dort kommen Löffel in Fischform vor, aber es ist bemerkenswerth, dass dort Löffelschaale und Löffelstiel zwei getrennte Theile bilden, indem die Schaale ein einfaches Becken darstellt und der Stiel es ist, der jene meist figurale Zier trägt. Von jenen altägyptischen Holzlöffeln unterscheidet sich der vorliegende aus einer christlichen Necropole stammende ganz wesentlich; aber auch den zur römischen und byzantinischen Zeit gebräuchlichen Esslöffeln gegenüber zeigt er vollkommen andere Gestalt. Diese Verschiedenheit sowohl, als seine Fischform machen es wahr-scheinlich, dass dieser Löffel ein liturgischen Zwecken dienliches Geräthe war, auf welchem man, wie dies in der griechischen Kirche üblich, den Laien die Theile der in den Kelch getauchten Hostie darreichte. Dafür eignet sich die Form der Löffelschaale vorzüglich, während zum täglichen Gebrauche als Esslöffel das Geräthe nur unvollkommen dienlich gewesen wäre.

Liturgische Kämme.

Liturgische Kämme, mit denen man den Bischof, bevor er vor den Altar trat, kämmte, sind aus frühchristlicher Zeit bis jetzt nur in ganz wenigen Exemplaren bekannt geworden und ihr liturgischer Zweck ist bis jetzt noch nicht einmal absolut sicher. Dies muss auch von den auf Achmim gefundenen Kämmen gelten. Jedoch ist bemerkenswerth, dass unsere Necropole zwei ganz verschiedene Kammformen geliefert hat, deren eine sich durch grössere Breite, die andere sich durch auffallende Länge auszeichnet. In die erstere Categorie gehören die zwei von mir in meinem Werke „Die Gräber- und Textilfunde von Achmim-Panopolis"

Fig. 39 und 40, Taf. I, publicirten Holzkämme, in die letztere Classe zähle ich den Kamm des heil. Lupus in Sens und meine zwei christlichen Holzkämme Fig. 6, Taf. XI und Fig. 1—2, Taf. XII. Während Ersterer analog den zahlreich in fränkischen und merovingischen Gräbern gefundenen Hornkämmen durch das Fehlen von specifisch-christlichen Emblemen sich als *Profangeräthe* zu erkennen geben, zeigen die beiden Holzkämme von Taf. XI und XII *einen unverkennbar christlich-liturgischen Character:* Der eine Kamm trägt auf seiner Oberfläche zweimal das Kreuz (angedeutet durch eingegrabene Ringe mit Mittelpunkt), der andere zeigt in geschickter und an die klassische Kunst sich anlehnender Reliefschnitzerei einerseits *Daniel in der Löwengrube,* andererseits eine ebenfalls den Löwen geopferte Märtyrerin, in welcher Professor Kraus eine symbolische Darstellung der *Susanna zwischen den beiden Alten* sieht, analog dem Fresco von San Callisto mit dem Lamm und der Inschrift *SVSANNA* zwischen Wolf und Leopard mit der Bezeichnung *SINIORIS* (Seniores). Daniel trägt eine phrygische Mütze, lockiges Haar, eine Tunika und darüber einen Mantel; hinter ihm ein Säulenbogen. Susanna hat lange Tunika mit kurzem Pallium und Kopftuch; der Hintergrund ist demjenigen bei Daniel gleich. Auf beiden Reliefs sind die Löwen in gleicher Art und Stellung abgebildet, indem sie, auf dem Hinterleibe hockend, sich gegen die Mittelperson mit halbgeöffnetem Rachen umwenden. Die Art der Ausführung und der Gewandung weist die Schnitzerei in die Zeit des IV. bis V. Jahrhunderts nach Christus.

Die Styli mit christlichen Symbolen.

Unter den, den Toten von Achmim beigegebenen Gebrauchsgegenständen befinden sich auch mehrere Schreibgriffel. Einer derselben, nebenstehend abgebildet, ist aus Knochen geschnitzt und trägt einen Menschenkopf mit darüber gestellter *Hahnenfigur.* Ein zweiter Stylus von Achmim, Fig. 10, Taf. IX, besteht aus Bronze und zeigt gleichfalls als Bekrönung des thurmähnlichen Aufbaues, in dem ein Steinchen frei hin und her rollt, einen *Hahn.* Und auch ein dritter Stylus, Fig. 2, Taf. X, aus Paris, hat denselben Schmuck, so dass man annehmen muss, dass hier dem Hahn eine specielle symbolische Bedeutung zukam. Der schöne Bronzestylus Fig. 1, Taf. X, führt in durchbrochener Scheibe das *Monogramm Christi* in Form eines *I* mit *X* und untergestelltem *P,* darüber eine *Palme* als Bekrönung. Auf einem fünften Stylus, Fig. 3, Taf. X, sieht man eine ganze Gruppe, bestehend in einer menschlichen Figur als Mittelbild. In der Linken hält sie ein Kreuz gegen einen sich ihr von der Seite nahenden Vogel; die rechte Hand wendet sich einem grossen Standkreuze zu. — Alle diese Styli tragen Löcher zum Anhängen und waren wohl die Beigaben solcher Toten, deren einstiger Beruf als Schreiber, Notare und dergl. dadurch symbolisirt werden sollte. Dergestalt vertreten hier unsere *Originale* jene *Bilder,* wie man sie in den Katakomben zur Andeutung des einstigen Gewerbes über den Grabnischen der Verstorbenen malte oder skulptirte.

Fig. 1.
Natürl. Grösse.

Funeral-Symbole.

Drei seltene Fundstücke von unserer Totenstätte möchte ich bestimmt als Funeral-Symbole, d. h. als Geräthe ansprechen, welche speciell zu dem Zwecke verfertigt wurden, als Totenbeigaben Verwendung zu finden. Das eine Stück ist eine aus Zinn gegossene kleine *Statuette des Lazarus,* wie man ihn gewöhnlich bei den Auferweckungsszenen abgebildet findet (Fig. 19, Taf. XIII). Die nur 4½ cm hohe Figur zeigt den Körper aufrechtstehend in zahlreiche, künstlich gelegte Binden eingewickelt; die Unterarme sind von jenen frei und treten auf der Brust zusammen, ähnlich, wie viele Mumien gewickelt sind. Auch der Kopf ist bindenfrei, wie ihn unsere Seidenstickerei Fig. 4, Taf. XVI wiedergiebt, jedoch entbehrt er hier des Nimbus. Zweifellos haben wir es in dieser Statuette mit einem Symbole zu thun, welches eine *Andeutung der Auferstehung* sein sollte und sich speciell an den Toten wandte, dem es beigegeben wurde. Wahrscheinlich liegt auch einigen, in der christlichen Necropole von Achmim gefundenen *altägyptischen Mumienstatuetten* aus blau glasirtem Biscuit dieselbe Idee zu Grunde, d. h. man verwendete neuerdings alte Mumienidole als Totenbeigabe unter Zugrundelegung der christlichen Auffassung einer Auferstehung im Jenseits. — Dieselbe Idee symbolisirte auch der *Anker-Anhänger* aus Blei oder Zinn, dessen Abbildung hier beigegeben

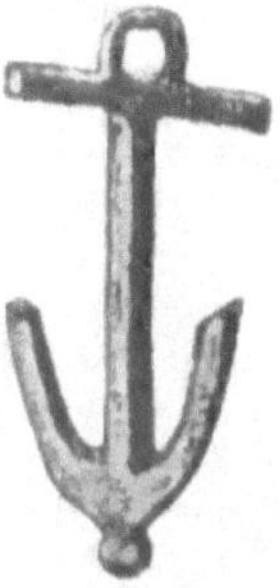

ist. Er zeigt genau die Form der antiken Anker und war für den Christen als Zeichen der Hoffnung auf ein besseres Leben nach dem Tode eine vielsagende Funeralbeigabe. Nur als solche kann dies Stück gedient haben, da seine rohe Arbeit und die Querstellung der oberen Balken es zum Tragen im Leben wenig geeignet erscheinen liessen. — Auch der *Palmzweig aus Silberblech* Fig. 22, Taf. XIII, war eine specielle Funeralbeigabe, die den Sieg des Christen über den Tod symbolisiren sollte. Ausserdem fand sich eine ähnliche, bedeutend kleinere Palme aus Goldblech.

In diesem Capitel dürften ferner die nebenstehend abgebildeten, auf Achmim gefundenen und aus Schiefer verfertigten Totenbeigaben zählen.

Es sind flache, nur wenige Millimeter dicke Figuren, darstellend ein *Schiff*, eine *Taube*, einen *Fisch*, eine *Rhombe* und ein *Viereck* — alles Formen, die bei den Christen eine gewisse symbolische Bedeutung hatten, und die man wohl den Toten als Amulete oder zur Kennzeichnung als Christen auf den Weg mitgab. — Endlich möchten hierhin auch noch die thönernen Thierfiguren Fig. 8 — 10, Taf. I, zu rechnen sein. Der *Hahn* Fig. 10, könnte denselben Gedanken, wie Lazarus und Anker ausdrücken, und auch für die *Tauben* Fig. 8 und 9 ist jedenfalls eine Deutung als Kinderspielzeug fehlgegriffen. Man hat ähnliche Figuren in schweizerischen und französischen Gräbern gefunden und bereits Ferd. Keller hat sie in den „Mittheil. der Züreher antiquar. Ges." (Bd. III) als christliche Symbole

Fig. 2. Naturgrösse.

Fig. 3 (¹/₃ natürl. Grösse).

bedeutet. Jene Gräber datiren noch aus den ersten Jahrhunderten nach Chr.; auch die Taube Fig. 9 und der Hahn Fig. 10 dürften noch diesem Zeitabschnitt angehören, wogegen die Taube Fig. 8 durch den stilisirten Flügel sich als eine Arbeit aus der Zeit *nach* dem IV. Jahrhundert kundgiebt.

Kreuz-Anhänger.

Gegenüber den Funeral-Symbolen und Amuleten einerseits und den Schmuckbeigaben anderseits nehmen die in Achmim gefundenen Kreuz-Anhänger eine vermittelnde Stelle ein. Viele derselben haben wohl nur als *Funeral-beigaben* gedient und waren lediglich dazu bestimmt, *den Charakter der Toten als Christen zu kennzeichnen*. Andere dieser einfachen, schmuck- und werthlosen Kreuzchen tragen aber auch unverkennbare Spuren langdauernden Gebrauches und man wird sich deshalb fragen müssen, ob nicht diese zahlreichen Kreuz-Anhänger *den einzigen Schmuck des Armen* bedeuteten!

Fig. 9. Naturgrösse.

Fig. 10.

Fig. 12.

Fig. 11.

— Es sind dies roh und flüchtig aus Knochen geschnitzte Kreuzchen mit Bohrloch zum Anhängen (Fig. 15 und 16, Taf. X). Andere bestehen aus Eisen, wie unsere Fig. 9 und Fig. 20 (Seite 29), andere aus Bronze (Fig. 17, Taf. X und Cliché-Abbildung Nr. 13), Blei (vgl. Nr. 10) oder Zinn (vgl. Nr. 11 und 12). Sie sind meist massiv und ohne figuralen Schmuck, doch machen hievon Fig. 13, Taf. X mit Taubenfiguren und Fig. 11, Taf. IX, mit Apostelbüsten und Maria-Orans, Ausnahmen. Das letztere Kreuz ist innen hohl und war zur Aufnahme einer Reliquie, wahrscheinlich eines Partikels vom heil. Kreuze, bestimmt. Das 13 cm lange Bronzekreuz Fig. 12, Taf. IX, macht den Eindruck, als habe es einst als Vortragekreuz Verwendung gefunden. Auffallend ist endlich das häufige Vorkommen

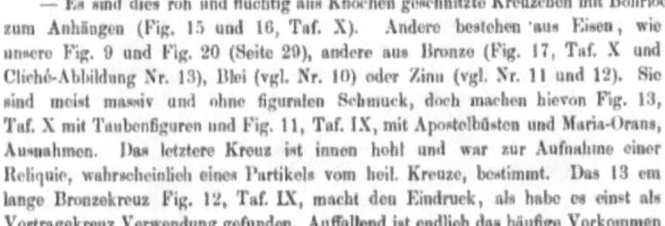

des Kreuzes als Ziereinsatz bei Ohrgehängen (vgl. Fig. 19 und 20, Taf. X). Diese häufige Anwendung des Kreuzes unter den verschiedensten Formen und Arten ist ein characteristisches Merkmal der an Aeusserlichkeiten haltenden und bigotten byzantinischen Periode.

Blattgoldkreuze.

Es ist eine auffallende Thatsache, dass Achmim so viele Vorkommnisse aus europäischen Völkerwanderungszeit-Gräbern in fast gleicher Form wiederspiegelt. Auch die goldenen Kreuze, die gewöhnlich unter dem Namen der „longobardischen Blattgold-Kreuze" bekannt sind, haben in Achmim ihre Analogie gefunden. Es sind dies die Reste dreier Kreuzchen davon das besterhaltene in Fig. 14, Taf. XIII abgebildet ist. Dasselbe besteht aus einem dünnen, silberhaltige Goldblatte ohne Verzierung, das in allen vier Enden je vier Löcher trägt. Diese nach Orsi's Untersuchunge als Kleiderschmuck, zugleich aber als Auszeichnung dienenden Kreuze kommen gewöhnlich in grössere Formate vor, als wir sie hier aus dem Osten vor uns sehen. Auch Fig. 15, Taf. XIII, aus einem dicke Goldblatt geschnitten, ist ohne Schmuck, wogegen Fig. 16, XIII sich durch die darauf dargestellten bärtige Menschenköpfe — Christusköpfe? — auszeichnet. Letztere zwei Exemplare entstammen lengobardische Gräbern Oberitaliens und sind als interessante Vergleichsstücke hier angefügt. — Man hat bisher diese Kreuz allgemein den Longobarden zugewiesen und selbst die in Bayern gefundenen ebensolchen als longobardische Ursprungs bezeichnet. Auch die Kreuze von Achmim möchte ich aber für Theile der Ausrüstung eines de begrabenen longobardischen Würdenträgers halten, als daraus den Schluss ziehen wollen, dass ihr Gebrauc auch in Aegypten gleich allgemein war, wie bei den Longobarden. Gewiss haben in der Necropole d antiken Panopolis Angehörige der verschiedensten Nationen des Osten, wie des Westen ihre letzte Ruhestät gefunden und es darf uns daher auch das Vorkommen longobardischer Goldkreuze in diesem afrikanische Grabfelde nicht befremden.

Eine Goldplatte mit Christus am Kreuz.

An die Goldkreuze schliesst sich als eine verwandte, in der vorliegenden Form aber neue Erscheinung d figurale Goldblech unserer Abbildung Nr. 14. Wie die rings am Rande angedeuteten, mehrfach ausgerissene Löcher beweisen [1]), war das Fundstück *auf einem Gewande aufgenäht* und fand also ähnlich den vorerwähnte Blattgoldkreuzen Verwendung. Wie diese, war es wohl eine, einem hohen Würdenträger verliehene Au zeichnung, gewissermassen ein „goldener Clavus". Aber ebenso interessant ist das Geräthe auch durch die darauf zur Darstellung gebrachte, getriebene Relief-Abbildung der *Kreuzigung Christi*. Christus steht mit beiden Füssen auf dem Fussbrette des Kreuzes und streckt die Arme wagrecht aus. Die Hände scheinen nicht angenagelt, sondern *angebunden* zu sein. Das Kreuz zeigt oben die Inschrifttafel, ohne dass indessen die darauf befindlichen Buchstaben noch zu lesen wären. Christus trägt einen grossen Nimbus mit eingelegtem Kreuz, ein Bart scheint zu fehlen; die Augen scheinen offen. Links und rechts sind Sonne und Mond angedeutet. Darunter zwei kreuzartige Figuren, die zwar undeutlich sind, aber trotzdem zwei menschliche Gestalten erkennen lassen. Man könnte an Maria und Josef denken, aber die wagrecht ausgestreckten Arme der beiden Figuren weisen darauf hin, dass es die zwei mit Christus gleichzeitig gekreuzigten Verbrecher sind. Um das Ganze zieht sich nahe dem Rande ein zarter Perlenra als Zier. Besondere Beachtung verdient das Gewand Christi, eine Aermeltunika, welche dem Gekreuzigte bis auf die Füsse reicht und einen Besatz von zwei, von den Schultern bis nahezu an den Rand der Tunik reichenden Streifenclaven zeigt. Die Art der Darstellung weist auf die Zeit des V.—VII. Jahrhunderts, d Ausführung aber ist flüchtig und verräth durchaus keinen geschickten Meister.

Fig. 14. Natürliche Grösse.

---

[1]) Ausserdem gehen noch zwei solche Löcher senkrecht von oben nach unten durch die Mitte des Bildes, ähnlich wi auch die runden Claven unserer Stoffe nicht allein an den Rändern, *sondern auch in der Mitte* auf die Unterlage aufgenäht si

Fibeln und Agrafen.

Unter den Schmucksachen, mit welchen man die Toten in Achmim schmückte, befinden sich auch Fibeln und Agrafen zum Zusammenhalten der Gewänder. Die Form der Erstern entspricht theils den zur spätrömischen Zeit üblichen Armbrustfibeln, theils haben sie die Gestalt symbolischer Thiere angenommen. Dahin gehören die mit Silber plattirte, zierliche Fibel Fig. 9, Taf. XIII, in Form eines *Pfaues*, ferner die Fibeln Fig. 7 und 8, Taf. X und Fig. 13, Taf. XIII, in Form einer *Taube*, sowie endlich Fig. 14, Taf. X, in *Kreuzesgestalt*. Sind diese fünf noch aus ziemlich früher Zeit, so müssen dagegen die *Taubenfibel* Fig. 9, Taf. X, bereits der Völkerwanderungszeit, und Fig. 10, Taf. X, zufolge der fortgeschrittenen Stilisirung schen der carolingischen Zeit zugewiesen werden. Die letztere Fibel zeichnet sich auch durch ihre seltsame, tief gehende Gravirung und durch die Augeneinlage mit blauer Glaspasta aus.

Wie in den Merovingergräbern Europas die für diese Epoche characteristischen *Gürtelschliessen* gefunden werden, so kommen ähnlich geformte auch in den gleichzeitigen Gräbern Achmim's vor. Uns interessirt hier besonders das Stück Fig 6, Taf. X mit *Kreuzornament* und eingravirter *Palmenumrahmung*. Vielleicht diente Fig. 23, Taf. X, einem ähnlichen Zwecke. Auch dieses Geräthe zeigt Kreuzverzierung und documentirt die Vorliebe der Byzantiner für Anbringung christlicher Symbole in allen Formen.

Ueberaus seltsam präsentirt sich die byzantinische *Agrafe* Fig. 12, Taf. XIII, die einen Mann in Oranten-stellung zeigt, und ihm zur Seite je eine Vogelgestalt, wahrscheinlich Taube. Die Analogie mit einzelnen besonders rohen Menasbildern liesse auch an St. Menas mit den 2 Kameelen denken. Mehr Interesse bietet eine frühe Goldplaquette, Fig. 2, Taf. XIII, mit den Brustbildern von *Petrus und Paulus*. Ueber den beiden Köpfen leuchtet je ein Stern, die Mitte überragt ein Kreuz. Die Art der Darstellung weist auf das III. bis IV. Jahrh. Etwas später ist die goldene Brocheneinlage Fig. 3, Taf. XIII, darstellend die *Maria mit Christus-kind*. Hier zeigt sich bereits der byzantinische Styl in seiner vollen Blüthe. Maria sitzt auf einem reich-verzierten Thronsessel und hält auf dem Schoosse den von einem grossen Nimbus umgebenen Christus. Das Kind selbst hat die Rechte segnend erhoben; sein Kopf ist mit Kreuz-Nimbus geschmückt. Ueber dem Thron-sessel sieht man rechts einen Stern und ein gleicher hat sich wohl auf der linken Seite der Maria befunden. Bemerkenswerth ist die Buchstabeneinlage in den Nimben; bei Maria: *MA[RIA]*, bei dem Jesuskinde: *J[ESVS] C[HRISTVS]*. Noch figurenreicher ist Fig. 4, Taf. XIII, eine vergoldete Silberplatte mit eingestanzter Darstellung der *Anbetung Christi*. Das Hauptbild zeigt die Anbetung Christi durch die hl. drei Könige; die Jungfrau sitzt auf einem Thronsessel und hält das Jesuskind auf den Knieen. Ueber Letzterem ein Stern und eine nimbirte Engelsgestalt in langem Gewande. Vor das Jesuskind treten, einer hinter dem andern, die heil. drei Könige, jeder mit kurzer Tunika bekleidet und eine kugelförmige Gabe auf den Händen darbietend. Auf ihren Köpfen sind kleine Aufsätze angebracht, welche als die ihnen üblichen phrygischen Mützen zu deuten sind. Im Abschnitt unterhalb dieser Darstellung erscheint in winziger Ausführung *die Anbetung Christi durch die Hirten*: Ueber der Krippe liegt das Christus-Wickelkind, das vom Stern von Bethlehem überstrahlt ist. Der Ort der Geburt, der Stall, ist durch die beiderseits angebrachten Stierfiguren bezeichnet. Hinter diesen kauert je ein Hirte, dessen Beruf durch die den Rest des Raumes ausfüllenden Schafe (1 links, 1 rechts, letzteres ausgebrochen) angedeutet ist. Die Datirung ist schwierig und dürfte zwischen dem V.—VII. Jahr-hundert schwanken.

Fingerringe, Gemmen und Glaspasten.

Der nebenstehend abgebildete Bronzefingerring von Achmim trägt die hier facsimilirte Inschrift, in welcher der Träger *den heiligen St. Georg* anruft. Ein anderer Bronzering derselben Prevenienz, Fig. 20, Taf. XIII, zeigt auf der Bronzeplatte einen *Pelikan, seine Jungen speisend;* es ist dies ein Vorkommniss, das umso beachtenswerther erscheint, als man bisher nur Unbestimmtes darüber wusste, ob diese Darstellung wirklich in den Bereich der christlichen Symbolik gehört und auf den durch sein Blut erweckten Christus zurückzuführen ist. Ein anderer Ring, Silber vergoldet, führt das Monogramm *IRENE* (Fig. 7, Taf. XIII), und der Goldring Fig. 5, Taf. XIII enthält in einer Achatgemme den *Anker mit zwei Fischen*. Von hervorragendem Interesse ist endlich der Fingerring Fig. 6 (6ᵇ und 6ᶜ in doppelter Grösse) mit 3 ‰ dicker silberner Platte,

Fig. 18.

die zum Drehen eingerichtet ist und beiderseits mittelst Gravirung dargestellte Heilige trägt. Die eine Fläche zeigt die *Maria* in der Stellung einer Orans, mit Glorienschein und bekleidet mit Tunika und Pallium, darum die Inschrift (Facsimile in Fig. 6b): *AΓIA MAPIA KOHΘIΛΓJAIC*. Die Gegenseite trägt den nimbirten *Erz engel Michael* mit grossen Flügeln, reichem Gewande und Kreuzstab in der Hand und die Inschrift: *APXANΓΓEΛE KOHΘIΛΓJAI*. Der Ringträger wendet sich also an die hl. Maria und den Erzengel und stellt sich in ihren Schutz. Dieser, sowie der Irenering, gehören wohl schon dem V.—VII. Jahrhundert an, wogegen der Ring mit den Fischen sehr früh (I.—III. Jahrh.) und der mit dem Pelikan wenig jünger anzusetzen sein dürfte.

Hier seien noch zweier rothen *Glaspasten* gedacht, deren eine die *Geburt Christi* darstellt. Diese Fig. 10, Taf. XIII, entspricht der berühmten bei Martigny und Kraus nach Vettori abgebildeten Paste der Sammlung Vettori, jetzt im Museo christiano zu Rom, bietet jedoch einige Verschiedenheiten, von denen ich nicht sagen kann, ob sie lediglich in ungenauer Wiedergabe bei Vettori bestehen, oder ob wirklich zwei ver schiedene Modelle vorliegen, die beide aus der gleichen Quelle schöpften. So trägt Josef auf meiner Paste kürzern Bart, die Stiere strecken nur die Köpfe hervor, wogegen der Hals nicht angedeutet ist, die Nimber sind Relieflinien und Maria hat hier nicht jene Unmenge von Bindenlagen, wie sie Vettori reproducirt. Da gegen sitzt auch hier Joseph mit in die Hand gestütztem Haupte neben dem Christuskind, das den drei getheilten Nimbus zeigt. Der Stern leuchtet in breitem Streifen auf das Kind herunter und auf der entgegen gesetzten Seite scheint der Mond. Meine Paste ist mehrfach abgeschliffen, was auf langen Gebrauch deutet. Auch die andere, Fig. 11, Taf. XIII, ist nicht vollkommen erhalten. Sie trägt den *Sanct Christophorus mi dem Jesuskinde auf dem Arm* und die Inschrift: *CRISTO-FORI*. Beide Pasten ahmen rothen Jaspis nach und sind dem VI.—VII. Jahrhundert zuzuweisen. Daraufhin deutet auch die Gewandung des Christoph welche Streifenmusterung im Mantel und vorn auf der Tunika einen breiten Clavus hat. Christoph schreitet mit einem langen Stabe in der Hand, übers Wasser. Das Christuskind erhebt segnend die Rechte; sein Nimbus ist dreigetheilt, indessen derjenige des heil. Christoph einen einfachen Ring bildet.

Goldglasperlen und Goldgläser.

Unter den aus Glas, Thon, Paste, Bernstein, Achat etc. gebildeten Perlen der Halsketten von Panopolis befinden sich auch solche, welche wie die Goldgläser hergestellt sind, indem über einen durchbohrten Glas kern eine dünne Goldschicht gelegt und diese wieder mit einer dünnen Glaslage überdeckt wurde. Die Perlen dieser Art sind selten, finden sich aber in den drei verschiedenen, in Fig. 13, Taf. IX, skizzirten Formen Nebstdem sehen wir sie als Schmuck von Fischkopf-Ohrgehängen an Fig. 8, Taf. XIII, wiederkehren. *Goldglas perlen* dieser Art treten erst zur christlichen Zeit auf und wahrscheinlich fällt ihr Erscheinen mit demjenigen der Goldgläser und der Gold-Mosaiksteinchen zusammen. — *Goldgläser* hat Achmim keine geliefert, dagegen seien in Fig. 17 und 18, Taf. XIII, zwei Beispiele, nach Angabe des Vorbesitzers vermuthlich aus *Köln*, vor geführt. Es scheinen dies, was hier ausdrücklich hervorgehoben sein mag, nicht Bruchtheile eines Gefässes vielleicht einer flachen Patene, zu sein, sondern Glasbilder, welche eigens zu dem Zwecke hergestellt wurden als Erinnerungszeichen eingemauert zu werden. Deutlich erkennt man noch an einzelnen Stellen des Randes und der Fläche Mörtelspuren und Andeutungen, bis wohin das Glas eingemauert der Luft verschlossen geblieben war. Andrerseits schliessen auch die Art der Zeichnung und die vollständig ebene Fläche die Anwendung als Gefässboden oder Gefässwand vollständig aus. Die Bilder scheinen Evangelisten darzustellen und zeigen ausser der gravirten Goldlage eine Anwendung von rother und blaugrüner Farbe als Fond. Alles weist darauf hin dass dies Gläser aus der spätern Epoche der Goldgläserfabrikation sind und dass sie ungefähr dem IV. Jahr hundert nach Chr. angehören.

Figurale Bullen und Amulete.

Wiederum nur dem trockenen Boden Oberägyptens verdanken wir die treffliche Erhaltung einer Reihe von Bullen, die dem feuchten europäischen Boden unbedingt zum Opfer gefallen wären. Es sind dies runde und ovale Anhänger aus Horn und Knochen, welche christliche Gestalten vorführen. Eine dieser Bullen habe ich bereits in meinem Werke über „Die römischen und byzantinischen Seidentextilien aus dem Gräberfelde von Achmim-Panopolis", pag. 23, unter dem Capitel „St. Georg in den Funden von Achmim", besprochen

Die dort behandelte Bulle (vgl. nebenstehende Abbildung) besteht aus geschnitztem Hirschhorn und zeigt auf der Vorderfläche in roher Ausführung das Bild des Drachentöters St. Georg. Denselben Heiligen bietet die aus schwarzem Horn gestanzte Bulla Fig. 3 und 4, Taf. XI, in besserer Modellirung. Der Reiter trägt hier noch klassische Gewandung und um den Kopf einen runden Glorienschein. Die Rückseite dieser Bulla zeigt zwei Heilige — Petrus und Paulus? — zwischen einem grossen Kreuze. Beide Gestalten tragen Nimben, in den Händen Kreuzstäbe oder Szepter und als Gewandung zwei übereinandergezogene Tuniken, eine längere und eine kürzere. — Eine andere Bulla ist leider nur in der untern Hälfte erhalten und besteht aus zwei zusammengelegten Bronzeblechen mit gestanzten Relieffiguren, Fig. 9, Taf. IX. Die Vorderseite trägt einen Reiter zu

Fig. 16. Naturgrösse.

Pferd, der mit seiner Lanze einen Menschen durchbohrt. Sollte auch hiemit die Gestalt Georgs als Symbolisirung des Sieges des Guten über das Böse gemeint sein? Eine undeutlich erhaltene Inschrift unter dem erhobenen Arme des Reiters gibt leider darüber keine Auskunft. Auch die Rückseite ist schlecht erhalten und lässt die einstige Darstellung schwer erkennen. Man sieht in der mittleren Zone sechs nimbirte Gestalten und erkennt noch die untern Körpertheile dreier weiterer solcher. Die fehlende Parthie lässt noch auf die Existenz von mindestens drei andern Figuren schliessen und es ist daher anzunehmen, dass hier die 12 Apostel dargestellt waren. Was das oberste Feld enthielt, ist nicht mehr zu erkennen und auch das untere ist schwer zu deuten. Man erkennt links vom Beschauer eine nimbirte Büste; dann folgt eine sitzende Figur, wahrscheinlich Joseph, und ein Gestell, auf dem das Christuskind zu liegen scheint. Rechts war wahrscheinlich Maria angebracht. Diese Bulla führt zu unserer vierten, reproducirt in Fig. 1 und 2, Taf. XI. Die Vorderseite veranschaulicht wiederum die Szene der Geburt Christi. Joseph, mit dem Stabe in der Hand, und Maria knieen vor dem nimbirten Wickelkind, indessen hinten zwei Ochsen des Stalles auf die Gruppe blicken, der „Stern aus dem Morgenlande" und oben Sonne und Mond scheinen. Die Rückseite dieser interessanten Hornbulle zeigt die Taufe Christi durch Johannes. Christus steht im Jordan, indessen Johannes ihn tauft und auf der andern Seite ein mit einer Tunika bekleideter Engel das Tuch hält; darüber eine Taube. Johannes sowohl, als Christus, sind bartlos. Ersterer trägt eine kurze Tunika mit umgeschlagenem Pallium, letzterer ist bis auf ein Lendentuch nackt und hat die Arme über der Brust gekreuzt. Wahrscheinlich waren dies Erinnerungsstücke an die empfangene Taufe oder an den Besuch heiliger Stätten in Palästina. Sie mögen auch als Amulete getragen worden sein und sind vielleicht jene runden Medaillons, welche man von Oranten und Heiligen auf einzelnen Gewandstoffen aus Achmim an Halsbändern über der Brust getragen sieht. [1])

Ebenfalls als geweihte Amulete dürften wohl die nebenstehend skizzirten Elfenbeinanhänger und ferner die zwei seltsamen Bronzehände Fig. 4 und 5, Taf. X, zu deuten sein. Die eine Hand, Fig. 5, ist in der Lage dargestellt, wie wir sie bei den antiken Oranten und Adoranten einnehmen sehen (vgl. Fig. 5, 10 und 15, Taf. XVI, Fig. 6, Taf. XIII, und den Holzkamm mit Daniel und Susanna). Die andere Hand ist in

Fig. 17. Naturgrösse.

Fig. 18. Naturgrösse.

sequender Stellung wiedergegeben und hat Zeige- und Mittelfinger erhoben, die andern Finger eingezogen. Bemerkenswerth ist das hier sichtbare Aermelende mit der ausgeschnittenen Oeffnung und den eingravirten Verzierungen. — Ueber den diesen seltsamen Anhängern zu Grunde liegenden Sinn liessen sich zahlreiche Combinationen aufstellen, doch überlasse ich solche berufenern Federn. Die Zeit der Herstellung dürfte die Mitte des ersten Jahrtausend n. Ch. sein.

Die Textilien von Achmim und ihr Verhältniss zu den Katakombenmalereien.

Die ausserordentliche Wichtigkeit, welche der Necropole von Achmim zukommt, liegt vornehmlich in der dort zu Tage getretenen reichen Menge figuraler und ornamentaler Gewebe und Stickereien als Theile antiker Gewänder aus römischer und byzantinischer Zeit. Die meisten dieser Kleiderzierden waren Clavou in Form langer Streifen oder runder bezw. ovaler und sternförmiger Medaillons, welche auf die Gewänder

[1]) Vgl. Forrer: Römische und byzantinische Seidetextilien von Achmim, Fig. 8 und 9, Taf. V.

aufgesetzt oder in diese eingewirkt waren. Die Vertheilung dieser Claven auf dem Gewande ersieht man theils aus den erhaltenen Originalen, theils aus alten, gleichzeitigen Abbildungen, insbesondere aus Katakombenmalereien. Eine Reihe derart geschmückter Tuniken und Togen wird der Verfasser später einmal in photographischen Reproductionen nach Originalen seiner Sammlung zusammenfassend veröffentlichen. Aber Gewände mit solchen Clavenbesätzen sind auch auf den figürlichen Darstellungen der Stoffe selbst in einzelnen Fällen deutlich ersichtlich (vgl. Fig. 2 Taf. XV, Fig. 12 und 13 Taf. XVI, Fig. 6 und 9 Taf. XVII und Fig. 1 Taf. XVIII).

Die Dessins dieser Wirkereien stimmen im Allgemeinen mit den Bildern der römischen Katakombenmalereien überein. Da, wie dort, sehen wir die ältern Compositionen durchaus im Style der heidnisch-klassischen griechisch-römischen Kunst vor uns treten. Beiderseits beobachten wir sodann einen allmähligen Verfall der Formen und ein Ueberhandnehmen der christlichen Gestalten. Beiderseits sieht man dann immer mehr das Christenthum alles Heidnische abstreifen und eine völlig neue Kunstæra antreten. Die klassischen Amoretten und Genien verschwinden und an ihre Stelle treten Engel und nimbirte Heiligengestalten. Maria und Christu erscheinen in den verschiedensten Szenen. Die immer wuchtiger hervortretende orientalische Farbenpracht erdrückt die Liebe zur Zeichnung. Die Linien verlieren ihre Freiheit und werden steif. Die römische Kunst hat der byzantinischen Platz gemacht. — Diese Uebereinstimmung der ägyptischen mit den römischen Kunst verhältnissen ist aber keineswegs auffallend, wenn wir der regen Verbindungen gedenken, welche Rom mit Aegypten, wie überhaupt mit seinen orientalischen Provinzen, unterhielt, und wenn wir speziell des Bandes uns erinnern, das damals noch östliche und westliche Christen eng zusammenschloss.

Gleichwohl machen sich gewisse Unterschiede zwischen den Dessins der panopolitanischen Gewebe und den Malereien der römischen Katakomben bemerkbar. Letztere zeigen sich uns in einer weit idealeren Auffassung und correcteren Ausführung. Aber dort erlaubten Pinsel und Cauterium überaus leichte und freie Linienführung, während die Webetechnik Hindernisse in den Weg legte, welche den Linien gewisse Härten geben mussten. Aus dem veränderten Materiale, in welchem die Bilder zur Darstellung gelangten musste eine rohere Gestaltung sich ergeben. Dabei ist noch zu beachten, dass die Katakombenmaler in der Mehrzahl Künstler waren, wogegen das Hauptcontingent der Verfertiger unserer Textilien sich aus Handwerkern zusammensetzte, die mit mehr oder weniger Verständniss lediglich die ihnen vorgelegten Entwürfe copirten — Und noch eines andern Unterschiedes zwischen den Katakombengemälden und den frühchristlichen Stoffen von Achmim ist hier zu gedenken. Erstere zeigen schon in den ersten drei Jahrhunderten nach Christus reiche Figurenszenen, während die Textilproducte jener Periode noch völlig arm an christlichen Gestalten sind. Aber dieser nur scheinbare Widerspruch wird leicht und rasch gehoben, wenn man bedenkt, dass die Katakombenbilder einzig den Augen der Christen zugänglich waren, indessen die Gewänder der Oeffentlichkeit angehörten, so dass das Tragen christlicher Abzeichen und Darstellungen eine ebenso unkluge, als provozirende und gefährliche Demonstration in sich schloss. In der That sind die auf Achmim gefundenen Gewänder in der Hauptsache Kleider, welche der Tote schon im Leben getragen hatte. Dies beweisen die häufig con statirbaren Gebrauchsspuren und insbesondere die schon in alter Zeit geflickten Risse und Löcher, welche man da und dort an diesen Stoffen noch heute beobachten kann. Seltener sind die eigentlichen Funeralgewände d. h. jene eigens zu diesem Zwecke hergestellten Leichenkleider reicher Christen. Bei ihnen war die Weg lassung christlicher Symbole nicht nur nicht nöthig, sondern es bildeten diese sogar einen wesentlichen Bestand theil des Funeralgewandes. Dieses gibt sich uns als solches durch seinen figuralen Schmuck zu erkennen indem letzterer in seinem Inhalte eine Anspielung auf das Leben des Verstorbenen, auf seine Auferstehung, auch wohl allgemeinere Symbole des Todes, in sich birgt. Mochten diese Funeralgewänder, insoweit es sich um solche mit christlichen Symbolen aus vorconstantinischer Zeit handelt, gegenüber den Kleidern des täglichen Lebens eine Ausnahme, so verlor sich dieser Unterschied nach der Anerkennung des Christenthums zu Beginn des IV. Jahrhundert. Bis dahin hatte man es unterlassen, auf den öffentlichen Gewändern christliche Szenen und Symbole anzubringen, weil überhaupt die Christen im Allgemeinen ein demonstratives Auftreten vermieden Als dann aber im vierten Jahrhundert die christliche Religion triumphirte, fiel auch diese Schranke, und von nun an sehen wir rasch und zahlreich christliche Symbole, biblische Szenen und Heiligenbilder als Kleiderzier üblich werden. Dieser Umschwung war ein so rascher und intensiver, dass er sogar in den alten Kirchen schriftstellern jener Zeit und selbst in den Funden von Achmim zum Ausdruck kommt.

Wenn die Darstellungen auf unsern Textilien im Vergleich zu den Fresken, Skulpturen etc. manches Eigenartige und Neue aufweisen, so liegt dies wohl vor Allem in der Eigenartigkeit und Neuheit des zur Verwendung gekommenen Materials, um das sich wieder ein ganz anderer Künstler- und Arbeiterkreis gruppirte, als er es für die Malereien, für die Sarkophagreliefs und für die Goldgläser war. Vergleicht man die von den letztern uns überlieferten Darstellungen unter sich, so wird man in der That zu dem Schlusse gelangen, dass jede Reproductionsweise gewissermassen für sich einen selbstständigen Kreis bildet; der eine schliesst eine Menge von Eigenheiten in sich, welche dem andern Kreise wieder abgehen. Auch unsere Textilien haben derartige, nur ihnen eigene Spezialformen und Neuerscheinungen, und diese gerade sind es, welche diesen Funden nach der Seite der frühchristlichen Ikonographie ein erhöhtes Interesse geben.

Die christlichen Thiersymbole auf den Gewändern von Achmim.

Der Fisch ist eines der ältesten christlichen Symbole. Er erscheint denn auch als eines der ersten auf den Gewändern von Achmim. Hier tritt er bereits auf Stoffen mit noch klassischen Ornamenten und weissen Figuren auf schwarzem Grunde, also in Textilien auf, welche wir in ihren besten Exemplaren noch dem II.—III. Jahrhundert n. Ch. zuweisen müssen (vgl. Fig. 11, Taf. XIV). Besonders schöne Fischfiguren sieht man in den weiss-schwarzen Streifenclaven einer Tunika der Sammlung Forrer abgebildet; sie schwimmen an einer Rankenborte und wenden sich einem die Mitte einnehmenden Kreuze zu. In den Stoffen des IV. Jahrhunderts erhalten die Fischfiguren farbiges Gewand (Fig. 3 und 7, Taf. XV), das in den folgenden Jahrhunderten immer reicher wird, wobei aber die Form der Fische allmählig plump und roh sich umbildet (vgl. Fig. 15, Taf. XIV; Fig. 10, Taf. XVII und Fig. 4, Taf. XVIII). Bei dem aus zartem Leinen gewobenen Bande Fig. 7, Taf. XV, schwimmen rechts und links zwei Fische gegen ein rundes Mittelstück, das vielleicht die Eucharistie versinnbildlicht. In ähnlicher Weise finden sich auf Fig. 7, Taf. VIII, zu den Seiten der eucharistischen Vase kleine Fischgestalten angebracht, welche den Character jener blumenähnlichen Zeichnung klar zeigen. Es ist eine verkommene, spätzeitliche und unverstandene Copie der altchristlichen eucharistischen Vase, wie sie Fig. 5 und 6, Taf. VIII, aus früherer Zeit und in besserer Ausführung aufweisen. Hier sieht man deutlich das vasenartige Gefäss, aus welchem eine Weinranke emporragt, indessen in der spätbyzantinischen Ausführung Fig. 7, Taf. VIII, das Gefäss kaum noch als solches, und ebensowenig die Pflanze als ein Weinstock, erkennbar sind. — Den Walfisch des Jonas haben wir bereits auf der Thonlampe Fig. 5, Taf. IV, kennen gelernt und sehen ihn nun auf der interessanten, im Original überaus farbenreichen Wirkerei Fig. 3, Taf. VIII, wiederkehren. An dieser Stelle sei auch auf die seltsame Darstellung Fig. 5, Taf. XV (circa V. Jahrhundert) aufmerksam gemacht, welche einen nackten Manu mit Fisch an der Angelschnur veranschaulicht. Wahrscheinlich ist damit Tobias gemeint, der in ähnlicher Form auch auf Katakombenmalereien abgebildet vorkommt.

Auch die Taube erscheint schon in ziemlich frühzeitigen Stoffen als unverkennbar christliches Symbol. Dahin zählen die zwei Claven Fig. 16, Taf. XIV und Fig. 12, Taf. XVIII, mit je zwei an einem Kelche nippenden Tauben; die Art des Stoffes lässt sie in's IV. Jahrhundert datiren. In der Borte Fig. 3, Taf. XV, kommen sie in Gesellschaft von Fischen vor (Ende IV. Jahrhundert) und auf Taf. XVII, Fig. 7, sehen wir sie in einem prächtigen Stoffe vom Ende des IV. Jahrhundert aus einem reich geschmückten Kelche trinken. Bedeutend späterzeitlich kehrt eine Taube[1]) auf der ziemlich rohen Leinwandstickerei Fig. 8, Taf. XV, wieder, wo wir sie in Verbindung mit Weihbroden abgebildet sehen (ca. V.—VI. Jahrhundert). Die Weihbrode haben hier rothe Farbe und sind theils durch eingelegte weisse Kreuze geviertheilt, theils durch andere Strichverzierungen ausgezeichnet. Vielleicht sind auch andere mit Kreuzen belegte Ronds von Claven als Darstellungen von Weihbroden aufzufassen. In diesem Sinne könnten Fig. 4, Taf. XIV, aber auch die „Radkreuze" Fig. 16, Taf. XIV, gedeutet werden. — Auf spätbyzantinischen Stoffen beobachtet man sich schnäbelnde Tauben als ornamentale Motive behandelt, doch kehren diese auch auf arabischen Geweben wieder.

Das Lamm Christi trägt auf der Wirkerei Fig. 9, Taf. XIV (IV. Jahrhundert) das Vexillum und erscheint dort neben einer Thierkampfszene (Kampf mit Löwen oder Bären), die vielleicht auf Märtyrer Bezug hat.[2]) —

---

[1]) Diese ist hier blau gefiedert, doch ist dies bedeutungslos, denn allem Anschein nach haben es die damaligen Weber mit der Farbengabe bei Thieren nicht sehr genau genommen, wie andere Parallelen nahelegen.

[2]) Abgebildet in Forrer, Gräber- und Textilfunde von Achmim-Panopolis, Fig. 1, Taf. X.

Auch in der blau farbenen Thierfigur unter dem gekreuzigten Christus, der Abbildung 8, Taf. XVIII, möch
ich ein Lamm erblicken.

Der Hirsch tritt in Fig. 2, Taf. XVIII, in bisher unbekannter Form vor uns. Er trägt über de
Geweih das *Monogramm XP* und beweist damit seine Symbolisirung der Person Christi; die darunter liegen
Palme wiederum symbolisirt den Sieg Christi über das Böse, das der Hirsch in Form der Schlange, der
der Sage zufolge den Kopf zertritt, vertilgt.

Der Hase, dem wir schon auf einer byzantinischen Lampe von Köln begegnet sind, findet sich
den *ältern* Stoffen von Achmim ganz auffallend häufig. Gewöhnlich zeigt er sich hier vergesellschaftet m
andern Thieren und ist nicht immer wohl durchweg als Symbol, sondern häufig genug auch als blosso ornamenta
Figur aufzufassen. Daneben aber kommt er in Stellungen vor, die über seinen Character als christlich
Symbol keinen Zweifel lassen. So sehen wir ihn in Fig. 6, Taf. XV, aus einem Gefässe mit Weinbeerblätte
herauskommen; auf einem andern Stoffe nagt er an einer Weintraube [1]). In beiden Fällen repräsentirt
den Christen, der das Leben durchlaufen hat und nun die Frucht des ewigen Lebens geniessen kann. Die
zwei Darstellungen dürften noch dem III. Jahrhundert angehören, wogegen das Streifenbild Fig. 6, Taf. XVII
auf Grund der schlechtern Zeichnung und des vielfarbigen Kreuzes bereits dem Laufe des IV. Jahrhund
zuzuzählen sein wird. Hier schon wir eine ganze Menge von *Hasen, Löwen und Gazellen,* umschlossen v
Weinranken, einem goldenen, mit farbigen Edelsteinen gezierten Kreuze zustreben. Illustriren uns die erst
zwei Hasen-Darstellungen die geschehene Thatsache, so demonstrirt dagegen dies interessante Bild mehr d
Lehre: „lebe und wirke darauf hin, damit du das Kreuz verdienest!" — *Löwen und Gazellen* kommen
diesen Borten häufig und zwar moist vereinigt mit Hasenfiguren vor, so dass man annehmen muss, dass s
gleich dem Hasen den vorwärts strebenden Christen zu symbolisiren hatten.

Hahn und Pfau fehlen in unsern Textilien ebenfalls nicht und es ist beachtenswerth, dass der Letzte
auf einem byzantinischen Clavus oberhalb der Gestalt des Christus abgebildet sich zeigt (Fig. 6, Taf. XVI
Mehrfach beobachtete ich den Hahn in auffallend roher, linearer Ausführung auf gleich auffallend roher Lei
wand in seltsamer Durchziehtechnik als Clavus angebracht, Fig. 9, Taf. VIII, [2]) und es macht diese wiederho
gleichartige Erscheinung den Eindruck, als läge ihr eine bestimmte, mir unklare Anschauung zu Grund
Sollte der Hahn als „Wecker" ein Zeichen der Auferstehung sein und waren diese durchweg rohen und ei
fachen Hahnengewänder die Totenkleider der Armen? Hahn und Pfau finden sich übrigens hauptsächlich
auf byzantinischen Stoffen, wogegen der Hase zumeist auf Borten des II.—IV. Jahrhundert auftritt, nachh
aber wegbleibt. Das Gleiche ist der Fall mit dem Löwen und der Gazelle, insoweit diese Thiere eine syr
bolische Gestalt darstellen; später, d. h. auf farbenreichen byzantinischen Stoffen, kommen zwar auch Löwe
noch häufig vor, hier aber meist in Verbindung mit Jagdszenen ohne religiösen Hintergrund.

Eines der interessantesten Beispiele frühchristlicher Thiersymbolik sehen wir endlich in Fig. 1, Taf. XVII
IV. Jahrhundert, wo ein *Adler* sich in einen *Wolf* einkrallt. Zweifellos haben wir hier die symbolische Wiede
gabe derselben Szene, die unterhalb dieses Thierkampfes figurirt: Der Sieg Christi d. h. des Christenthums (d
Unten) über das Heidenthum (das Böse)! Diese Darstellung wurde bis in's Mittelalter hinein vielfach ang
wendet und findet sich noch an Kapitälen von südfranzösischen Kirchen bis in's X. und XI. Jahrhundert. Da
sitzt der Vogel bald auf einem Hasen, bald auf einem Schafe, einem Hunde, einem Wolfe oder einem Hirsch
Diese zahlreichen Variationen beweisen, dass man den ursprünglichen Sinn der obigen Symbole bereits zu
Carolingerzeit vergessen hatte und an Stelle des Wolfes nach Belieben andere Thiere setzte.

Christusmonogramme und Kreuze auf den Textilien.

Nicht geringes Interesse beanspruchen die auf unsern Gewandverzierungen angebrachten Christu
monogramme. Eines der ältesten führt der kleine Clavus Fig. 5, Taf. XIV, vor, mit *XP* und den biblische
Buchstaben Alpha und Omega (IV. Jahrhundert). Einige andere Wirkereien wiederholen das Monogramm oh
letztern Zusatz, Fig. 6, Taf. XIV und Fig. 2, Taf. XVIII, andererseits kommen Alpha und Omega auch wied
in Verbindung mit Kreuzen oder mit nimbirten Christusbüsten vor, wobei mehrmals dem byzantinischen Web

---

[1]) Forrer, Gräber- und Textilfunde von Achmim-Panopolis, Fig. 4, Taf. III.

[2]) Vgl. Forrer, Gräber- und Textilfunde von Achmim-Panopolis, Fig. 14, Taf. XII.

der seltsame Irrthum unterlaufen ist, das A zweimal zu wiederholen, so dass sich „A A" statt „A W" ergab (vgl. Fig. 5, Taf. XVIII). Das X allein, darüber ein S, sehen wir neben dem byzantinischen Christus-Brustbilde Fig. 10, Taf. XVIII, und das Kreuz mit angesetztem P erscheint in dem seltsamen Stoffbesatz Fig. 2, Taf. XIV, eingefügt in ein grosses *Henkelkreuz*. Dieses wiederum wiederholt sich in ähnlicher Weise in Fig. 4, Taf. VIII und in Fig. 1, Taf. XIV; der letztere Stoffbesatz trägt zwei Kreuze ✝ und im Ringe die Inschrift: *TA MIN NEW TEPA*, was nach Dr. Steindorf zu lesen ist: *TAMINA NEWTEPA* = Tamina die Jüngere. Das Kreuz kommt in zahlreichen Varianten vor. In Fig. 12, Taf. XIV, sehen wir es mit dem X verbunden, in Fig. 8 ebd. dreimal neben einander gesetzt, in Fig. 3 ebd. in der Form der byzantinischen Rose, in Fig. 7, Taf. XIV und Fig. 13, Taf. XVIII, als Blattzier wiedergegeben. Vielfach ist es in die Ornament-Musterung der Stoffe eingeflochten, Fig. 13 und 14, Taf. XIV. und Fig. 24, Taf. XVI, bald als Bordüre behandelt, Fig. 15, Taf. XIV und Fig. 24, Taf. XVI, oder selbstständig als Clavus verwendet, Fig. 10, Taf. XIV. Auch das Hakenkreuz (Swastika) kommt als Clavus in verschiedenen Grössen vor, doch bleibt dahingestellt, ob es hier christliches Symbol oder bloss Ornament war (Fig. 17, Taf. XVI). Besondere Berücksichtigung verdienen die Kreuze der Streifenclaven Fig. 11, Taf. VIII und Fig. 6, Taf. XVIII, wo das Kreuz zu den damit vergesellschafteten Menschen- und Thierfiguren in ganz besonderem Zusammenhange zu stehen scheint. Für das Band Fig. 6, Taf. XVIII, habe ich bereits eben eine Deutung gegeben. Schwieriger scheint mir eine solche für das Band Fig. 11, Taf. VIII, mit einem Kreuze als Mittelstück, um welches sich links und rechts Tänzer, mit Blumenranken und Palmzweigen in den Händen, gruppiren. Soll das, seiner Zeichnung nach aus dem IV. Jahrhundert datirende Bild eine Begrüssung oder Verherrlichung des Christenthums symbolisiren? — Endlich sei noch auf die Kreuze und das X hingewiesen, welche als bedeutungsvolle Kleiderzier die Tuniken der Maria in Fig. 1 und 8, Taf. XVII und des Christus in Fig. 6, Taf. XVII, schmücken. In letzterer Darstellung sieht man zur Rechten Christi *drei Herzen* angebracht, welche in gleicher Form in den Stoffen von Achmim mehrfach wiederkehren. So befindet sich ein ähnliches Zeichen neben dem Christus- oder Constantinusbilde Fig. 19, Taf. XVI, in mehrfacher Wiederholung auf dem Clavus Fig. 8, Taf. VIII, und nebstdem in zahlreichen andern Ornamentborten des vierten und der folgenden Jahrhunderte. Das Zusammenvorkommen dieses Motivs mit den Christusbildern Fig. 9, Taf. XVI und Fig. 6, Taf. XVII, macht es wahrscheinlich, dass damit die Erleuchtung durch den heil. Geist angedeutet werden soll. Hier sei auch auf das seltsame Mittelstück eines frühzeitlichen schwarzweissen Clavus hingewiesen, Fig. 2, Taf. VIII, wo ein *menschliches Auge* in übernatürlicher Grösse dargestellt ist. Haben wir hier eine Reminiscenz an die altägyptischen Augenamulete oder das Auge Gottes vor uns?

Altbiblische Figuren.

Selten begegnen wir auf unsern Stoffen altbiblischen Gestalten, doch die wenigen, welche uns erhalten sind, bieten dafür umsomehr Interesse. *Joseph der Patriarch* erscheint als Reiter hoch zu Ross, daneben ein Adler, als Zeichen der Macht, auf einem Seidengewebe des IV. Jahrhundert (Fig. 14, Taf. XVI). Man würde nicht auf Joseph rathen, wenn nicht darüber die Inschrift IWCHΦ (verkehrt eingewoben: ΦHCWI) den Character des Reiters erläuterte. Ausserdem existirt von Joseph eine spätbyzantinische, ziemlich rohe Darstellung, in welcher seine Geschichte angedeutet erscheint (Traum, Potiphar etc.). — *Der Prophet Elias* bezw. dessen Auffahrt auf einem Wagen in den Himmel scheint der nur fragmentarisch erhaltenen byzantinischen Wirkerei Fig. 20, Taf. XVI, zu Grunde zu liegen. Ueber dem Pferde sieht man die Hand Gottes und einen nimbirten Kopf. Da diese Szene den Christen die Auferstehung symbolisirte, darf es nicht wundern, wenn daneben eine Christusbüste angedeutet ist. — Als *die Männer mit den Weintrauben aus Kanaan* möchten zwei nackte Männer zu deuten sein, welche, nebeneinanderstehend, grosse Weintrauben in den Händen emporhalten. — *Daniel in der Löwengrube* haben wir bereits auf dem liturgischen Kamme von Achmim getroffen und er kommt auch in byzantinischen Stoffen vor. In Fig. 4, Taf. XV (ca. V.—VII. Jahrhundert) kniet er zwischen zwei aufwärts blickenden Löwen und streckt die Arme betend empor. Eine andere, etwas späterzeitliche und rohere Wirkerei der byzantinischen Epoche zeigt Daniel aufrechtstehend zwischen zwei Löwen, davon er dem einen besänftigend die Tatze ergreift. — Auch das *Opfer Abrahams* kommt auf unsern

Stoffen vor. Ein Mann in antiker Kleidung steht im Begriffe, den gebundenen Isaak mit einem Messer zu töten. Diese Szene findet sich schon auf Stoffen der römischen Epoche (II.—III. Jahrhundert), wie dies die schwarz-weisse Färbung und die lebens- und kraftvolle, präcise Zeichnung lehren (vgl. Fig. 8, Taf. IX).

Maria mit Christuskind.

Das meiste Interesse bieten jene Darstellungen, auf welchen der Erlöser selbst figurirt. Für seine Jugendzeit sehen wir ihn meist mit seiner Mutter Maria zusammen abgebildet. — Die *Verkündigung Mariae* ist in den Stoffen von Achmim mehrfach vorhanden. Einmal erscheint sie auf einer vielfarbigen byzantinischen Wirkerei des circa VII.—VIII. Jahrhundert in der unten skizzirten Form. Maria sitzt auf einer mit Kissen belegten Bank und hört die Verkündigung des Engels an. Letzterer ist als Vogelsfigur gedacht. Auf zwei byzantinischen Seidenstickereien ist diese Szene einfach durch Engel angedeutet, welche die weiteren Bilder der Lebensgeschichte Jesu einleiten (vergl. Fig. 1 und 22, Taf. XVI).
Daran schliesst sich in Fig. 22 die *Begegnung der Maria mit Elisabeth* (Mariæ Heimsuchung), eine Vorlage, die auch als Mittelstück runder Claven vorkommt. Die beiden Frauen umarmen sich und schmiegen die Köpfe dicht aneinander, wie ähnlich auch Katakomben diese Szene veranschaulichen. — Die Geburt Christi, wie sie uns die Bulla Fig. 2, Taf. XI, und die Glaspaste Fig. 10, Taf. XIII, vorführt, haben wir bisher auf Textilien nicht vorgefunden, dagegen entschädigen uns hiefür die interessanten *Darstellungen der Maria mit dem Christuskind*. Alle diese Stoff-Bilder sind sehr spät und

Fig. 19 (natürliche Grösse).

datiren wohl durchweg aus dem VI. VII. und VIII. Jahrhundert. Die spätestzeitliche ist jedenfalls Fig. 7. Taf. XVIII, wo Maria, mit dem Christuskind auf dem Schoosse, in überaus roher Weise zur Abbildung gelangt ist. Vor ihr sieht man den Mond und darüber den Buchstaben *N*, vielleicht mit „Nazarenus“ bezüglich, auf der andern Seite ein *M*, wohl „Maria“ besagend. Maria und Christuskind werden von *einem Nimbus* zusammengehalten. Etwas besser präsentirt sich Fig. 1, Taf. XVII wo wiederum Maria, nach rechts gewendet, das Kind auf den Knieen hält. Maria trägt hier auf des Brust ein Kreuz, Jesus hat *dreigetheilten Nimbus*. Darüber sieht man

eine Palme den Sieg des Christenthums andeuten (ca. VII.—VIII. Jahrhundert). Aehnlich ist auch Fig. 5, Taf. XVII, doch bemerkt man hier über dem ausgestreckten Arm der Maria eine Vogelgestalt und über dem Nimbus der Maria einen seltsamen Auswuchs, der auch auf dem Bilde Fig. 8, Taf. XVII, über dem Haupte der Gottesmutter wiederkehrt. *Es ist eine ovale Scheibe, die nichts anderes, als ein traditioneller Ueberrest des Isissymbols sein kann.* Wir haben hier eine seltsame Fortführung der Isisfigur in der äusserlich gleichartig dargestellten Gestalt der Maria mit dem Jesuskinde zu constatiren. Dies Vorkommniss giebt zu denken darf aber nicht überschätzt werden, da man vielleicht lediglich das Isis-Attribut copirte, um damit den Stern der Weisen darzustellen. Auf manchen Sarkophagen mit der Anbetung durch die Weisen erscheint nämlich dieser Stern als runde Scheibe gerade über dem Kopfe der Maria und auch der Stoff Fig. 5 hatte einst, ebenso wie Fig. 8, Taf. XVII, die 3 Könige vor der heiligen Familie angebracht. — *Die Anbetung der drei Könige* kommt in unsern Stoffen auf grossen byzantinischen Claven mehrfach dargestellt vor. Fig. 8, Taf. XVII zeigt die gewöhnliche Gruppirung der Personen. Maria sitzt auf einem niedrigen Stuhle, hinter dem ein Kreuz in schildartiger Umrahmung sich zeigt. Sie trägt den Nimbus, darüber das oben besprochene Isisattribut auf der Brust ein Kreuz. Das Christuskind hat diesmal *keinen* Nimbus. Von den 3 Königen trägt einer eine phrygische Mütze, die zwei andern bringen ihre Geschenke dar. Darüber thront das nimbirte Brustbild Christi oder Gottes, falls nicht damit die Gegenwart Josephs angedeutet sein soll. Auf einem andern Clavus derselben Zeit, ca. VII.—VIII. Jahrhundert, fehlen Maria und Jesuskind und wir sehen nur *die drei Könige*, wie sie ihre Geschenke in kelchartigen Gefässen darbringen (Fig. 9, Taf. XVII). Alle sind reich gekleidet, besonders aber der mittlere, allein nimbirte, dessen Tunika unterhalb des Kniees aufgesetzte farbige Claven trägt. Zu den Füssen der Könige liegen weitere Geschenke; ihre gelbe Farbe soll sie als aus Gold bestehend zu erkennen geben. Als Raumausfüllung dient ein Baum, unter dem 2 Vögel ruhen. — *Die Flucht nach Aegypten* ist in Fig. 4, Taf. XVII, vorgeführt. Maria, auf dem Esel sitzend, hat vor sich das mit gekreuztem Nimbus dargestellte Christuskind. Oben scheint der Mond und 2 Buchstaben N und H sollen die Szene verdeutlichen. — Endlich gehört hierhin noch die Seidenstickerei Fig. 15, Taf. XVI, die entweder als *die Prophezeihung des Jesaias* zu deuten ist oder einen der hl. 3 Könige darstellt. Aber die Figur trägt Flügel, was eine sichere Bestimmung erschwert. [1]

Wunder- und Passionsbilder Christi.

Christi Heilung des Blindgeborenen ist in sehr schöner Weise in der Seidenstickerei Fig. 2, Taf. XVI, ausgedrückt. Der Blinde umfasst flehend oder dankend das Knie Jesu, indessen dieser mit der Linken das Auge berührt und die Rechte segnend erhebt. Der Blinde ist zum Zeichen der Inferiorität dem Herrn gegenüber kleiner dargestellt. — *Christi Heilung des Gichtbrüchigen zu Kapharnaum* möchten wir in Fig. 23, Taf. XVI, angedeutet finden, wo zwei Männer einen auf Kissen ruhenden Mann in einer Sänfte herbeitragen. — *Die Auferweckung des Lazarus* zeigt Fig. 4, Taf. XVI; sie ist ein Bestandtheil der Bilderserie des Pallium pontificium, dessen farbige Abbildung und genaue Beschreibung ich in meinem Werke über „Die römischen und byzantinischen Seidetextilien von Achmim" gegeben habe. Lazarus steht nimbirt und als Mumie in einem Grabgewölbe, an das Jesus herantritt und den Toten durch Berührung erweckt. — *Christi Einzug in Jerusalem* ist eine Szene, die besonders auf byzantinischen Streifenclaven des VI. bis VIII. Jahrhundert vorkommt. Unser Bild Fig. 12, Taf. XVI, zeigt diesen Akt in etwas primitiver, aber klarer Weise. Der Erlöser reitet auf einem Esel und ist nimbirt. Er trägt eine mit zahlreichen Claven besetzte Tunika und in der Linken eine Palme, indessen er die Rechte segnend erhebt. — Schwieriger ist die Deutung des Palliumbildes Fig. 7, Taf. XVI, das ich in Folge seiner Zwischenstellung hinter die Bilder aus Christi Wirkenszeit und vor das Bild der Kreuzigung als die Szene gedeutet habe, *in welcher Jesus dem Petrus die Verleugnung voraussagt.* Christus ist reich gekleidet und sitzt vor dem die Prophezeihung zurückweisenden Petrus. — *Die Kreuzigung Christi* ist am schönsten und stylvollsten in der Palliumstickerei Fig. 8, Taf. XVI, zur Abbildung gebracht, kommt aber nebstdem noch in den nur schlecht erhaltenen Seidenstickereien Fig. 3 und 8, Taf. XVIII, vor. In Fig. 8, Taf. XVI, trägt Christus Tunika und Pallium; seine Füsse sind auf das Fussbrett gestützt. Oben sind Sonne und Mond, unten zwei Palmen, als Symbole des besiegten Heidenthums, angedeutet (VI. Jahrhundert). Fig. 8, Taf. XVIII, lässt zu den Füssen des roh dargestellten Cruzifixus ein Lamm erkennen. Fig. 3, Taf. XVIII, ebenfalls sehr undeutlich, zeigt zu den Seiten des Kreuzes zwei knieende Personen, wahrscheinlich *Maria und Johannes.* Auf der Brust des Jesus scheint ein blutendes Herz dargestellt zu sein. — *Die Auferstehung* — in symbolischer Wiedergabe haben wir sie bereits oben auf Stoffen beobachtet — ist durch Fig. 9, Taf. XVI repräsentirt. Man sieht den leeren Sarkophag von der Kopfseite dargestellt und darauf den wachenden Engel sitzen, welcher der mit einer Salbenbüchse herankommenden Maria die Nachricht von der Auferstehung mittheilt.

Christus in symbolischen Darstellungen.

Christus als guter Hirte erscheint auf zwei zusammengehörigen Gewandclaven des IV. Jahrhunderts in hochinteressanter, bisher noch nie constatirter Form unter Fig. 1 und 2, Taf. XV. In dem einen Bilde, Fig. 1, wendet sich der „Pastor bonus" als lockiger Jüngling, nur mit einer Tunika bekleidet, einer ihm gegenüberstehenden Person zu und reicht dieser ein vertrauensvoll zu ihm zurückblickendes Lamm hin. Ein zweites solches befindet sich zu seinen Füssen und geht der ebenfalls als Hirte gekleideten zweiten Gestalt entgegen. Diese trägt Tunika und Kniestrümpfe, wie letztere auch die berühmte Hirten-Statuette des Vatikan aufweist. Der Empfänger ist kleiner als Christus dargestellt, was Christi Ueberlegenheit symbolisiren soll. Darüber zeigt sich eine jugendliche Engelsfigur, die leider ebenso, wie andere Theile des Bildes, nur bruch-

---

[1] Vgl. hierüber: Forrer, Römische und byzantinische Seidetextilien aus dem Gräberfelde von Achmim-Panopolis, pag. 17 und Fig. 10, Taf. XVII.

stückweise erhalten ist. Wen stellt nun jene zweite Figur dar? *Zweifellos kann diese nur Petrus sein, der als Nachfolger Christi, augenscheinlich zögernd ob der grossen Aufgabe, das Hirtenamt von Christus über- geben erhält. Damit liegt hier die erste wörtlich bildliche Darstellung der Worte Christi vor: Weide meine Lämmer, weide meine Schafe!* — Unmittelbar anschliessend hieran erweist sich der zweite Clavus, Fig. 2 Taf. XV. Er ist besser als der erste erhalten und lässt daher insbesonders die Gewandung deutliche erkennen. Christus ist auch hier wieder grösser dargestellt als Petrus und trägt eine hellgrüne Tunika mit zwei Streifenclaven und zwei kleinen runden Zierbesätzen. Mit der einen Hand weist er auf die Schafe, die andere erhebt er segnend. Petrus hat ebenfalls grüne Tunica mit Claven und an den Beinen Halbstrümpfe Zum Zeichen der übernommenen Würde hält er den Hirtenstab in der Rechten. Die Stellung des linken Armes ist nicht recht ersichtlich. Eines der Schafe, jenes mit Halsband, das Christus im vorhergegangenen Bilde auf den Händen trägt, springt hier noch an ihm empor, wendet sich aber bereits wie die zwei andern dem Petrus zu. Ueber dem Kopfe des Letztern zeigen sich ein ovales und zwei flügelähnliche Muster, deren Zusammenhang und Bedeutung unklar ist, die aber wahrscheinlich als Attribute zur neuen Würde des Petru aufzufassen sind. Im Clavus 1 haben wir also den *Moment* der Uebergabe des Hirtenamtes, Clavus 2 zeig *die vollzogene Uebergabe!*

Christus als *Weltenrichter* sehen wir in Fig. 6, Taf. XVI, und als *Lehrer oder Prediger* in Fig. 5 Taf. XVI, abgebildet. Häufiger ist er in unsern Stoffen als der *thronende Christus, segnend, oder auch bloss als Brustbild* vorgeführt. Als Büstenmedaillon begegnen wir ihm in Fig. 5, Taf. XVIII, mit dem symbolischen Alpha und Omega, und in Fig. 10, Taf. XVIII, wo er durch ein X als Christus gekennzeichnet ist. Thronend und segnend erscheint er auf der Borte Fig. 6, Taf. XVII, wo abermals ein X im Gewande den Namen an deutet, und auf der Seidenwirkerei Fig. 18, Taf. XVI, wo nicht allein die Hand segnend erhoben ist, sondern ausserdem noch eine lange Inschrift, Fig. 12, Taf. VIII, den Text dazu giebt: „Der Herr Jesus, der Christus er segnet. Er hütet (und) wacht über . . . . .“ Die untere Hälfte der Inschrift, mehrfach ganz undeutlich, ist bis jetzt noch nicht entziffert. Auch Fig. 19, Taf. XVI, stellt vielleicht ein Christusbild dar, sofern nicht darunter ein Portrait Constantins, der ebenfalls nimbirt abgebildet wurde, zu verstehen ist. [1])

Wie wir gesehen haben, ist die *Nimbirung der Christusgestalt* selbst in den Stoffen aus gleicher Periode eine sehr verschiedene. Einmal fehlt der Nimbus am Christuskinde ganz, einmal umschliesst ein Nimbus Christus und Maria. Bald ist er mit einem Kreuze belegt, bald fehlt dieses. Die Farbe ist meist gelb, als Vertretung des Goldes, aber auch blaue Nimben, Fig. 14, Taf. XVIII, grüne, Fig. 12, Taf. XVI, une selbst gelb-grün gestreifte wie in Fig. 3, Taf. XVIII, kommen vor. Auch an der Gestalt Fig. 1, Taf. XVIII mangelt die Nimbirung. Dieses interessante Seidengewebe, ca. Ende IV. Jahrhundert, zeigt einen lockiges Jüngling mit langer Tunika und Pallium, wie er mit der Linken das christliche Kreuz emporhält und in der Rechten eine Kreuzeslanze führt, deren Untertheil er einer krokodilähnlichen Schlange in den Rachen stösst. Wir haben anderwärts über diese seltsame Gestalt, halb Georg, halb Christus, ausführlich gesprochen [2]) une können uns hier darauf beschränken, die ganze Darstellung der untern Szene sowohl, als der obern mit Adler und Wolf, als eine *Symbolisirung des Sieges des Guten über das Böse, des Christenthums über das Heiden thum,* anzudeuten. Ausserdem sei auf die zwei analogen Lampendarstellungen Fig. 2 und 3, Taf. IV, une auf das dort Gesagte hingewiesen.

Oranten und Märtyrer.

Hie und da erscheinen an den Enden von Streifenclaven Figuren mit und ohne Nimben mit erhobenen Armen und Händen in der Stellung von *Oranten.* Sind es solche ohne Nimben, so haben wir in denselben vielleicht die betenden oder bittenden Gestalten der Gewandträger vor uns, die sich an die auf der Tunik. dargestellten Heiligen wenden (Fig. 10 und 13, Taf. XVI). Tragen die Oranten Glorienscheine, Fig. 10 Taf. VIII, so sind es wohl Heilige, die der Tunikaträger sich als Fürbitter gewählt hat. Welche Heilige diese nimbirten Oranten darstellen, ist selten ersichtlich. Hierhin gehört der Heilige Fig. 3, Taf. XVI der über einem Feuerroste zu liegen und also den *St. Mauritius* anzudeuten scheint. Ferner ist vielleich

---

[1]) Vgl. darüber: Forrer, Gräber- und Textilfunde von Achmim-Panopolis, pag. 24 und Taf. XVI.

[2]) Vide Schlussvignette pag. 30.

[3]) R. Forrer: Die römischen und byzantinischen Seidetextilien, St. Georg in den Funden von Achmim.

uch der Heilige von Fig. 8, Taf. XVIII, als Fürbitter-Orant aufzufassen. Ob es Daniel in der Löwengrube der der heil. Menas sein soll, mnss bei der rohen Ausführung dahingestellt bleiben. — Bei der undefinirten eiligenfigur Fig. 11, Taf. XVIII, gibt möglicherweise das unter den Füssen angebrachte Attribut Aufschluss. an könnte an einen römischen Schlüssel und daraus folgernd an Petrus denken, der auch in einer byzantinischen tickerei, mit dem Labarum in der Hand, vorkommt. [1]) — St. Georg findet sich in den Stoffen der byzantinischen poche häufig und zwar sowohl in guter, als schlechter und roher Ausführung. Er reitet gewöhnlich auf weissem ferde, hat bald eine Palme in der Hand, bald eine Lanze, unten oder vor sich ein löwenähnliches Thier, id hie und da auch eine Person, die wahrscheinlich die Jungfrau darstellen soll. — Besonderes Interesse anspricht das Seidengewebe Fig. 16, Taf. XVI, das einen klassischen Reiter zeigt, nach dem ein Mann mit ner Lanze sticht. Darunter eine Vogelfigur und darüber ein Adler nebst der Inschrift MAXAPIOY. Darnach äre an den heiligen Makarius zu denken, trotzdem die Art der Darstellung wenig zu dessen Geschichte passt. a dieser Hinsicht bietet dies Gewebe ein Pendant zu dem ganz analogen mit der Namensaufschrift IOCEФ.

Ueber liturgische Ornatstheile von Achmim.

Es kann hier nicht der Platz sein, sich eingehender mit den auf Achmim gefundenen Gewändern zu afassen, aber einige dort aufgefundene Bestandtheile liturgischer Gewandung müssen immerhin hier Erwähnung nden. Manche Besätze, wie z. B. die zusammengehörigen von Fig. 5 und 10, Taf. XIV, wo das Kreuz die nieclaven bildete, das Monogrammstück die Achselclaven, scheinen als Einsätze an Priesterkleidern gedient zu aben. Beweis dafür, dass in Achmim auch hohe geistliche Würdenträger bestattet worden sind, geben die ort gefundenen Reste zweier Pallien, davon das eine, Fig. 26, Taf. XVI, einfacherer Art, das andere dagegen, ig. 21, Taf. XVI, von überaus reicher Qualität ist und als das Pallium sacrum eines Erzbischofs aufgefasst erden muss. Beide bildeten je einen langen Leinwandstreifen, auf welchen seidene Besatzstücke, wahr-heinlich Reliquien oder Theile eines Brandeums, aufgenäht sind. Die Form dieser Belagstücke ist theils die nes Kreuzes, theils die von Dreiecken, Ovalen und Rhomben. Bei Fig. 21, Taf. XVI, sind die Zwischen-äume mit den in vielfarbiger Seide kunstvoll gestickten, viereckigen Medaillons ausgefüllt, wie wir sie auf af. XVI in Fig. 1—9 reproduciren. [2]) Diese jedenfalls in Rom oder Ravenna zur justinianischen Zeit ent-andene Bilderfolge veranschaulicht in 9 Tableaux die Geschichte Christi. Diesen beiden liturgischen Ornats-ücken schliesst sich noch ein drittes an, eine Stola oder Manipel von Achmim. Es ist dies die in Fig. 1, af. VIII, in ¹/₃ der Naturgrösse reproducirte Leinenbinde mit ausgefransten Enden und einseitig aufgesetzten idenen Reliquienbesätzen, die theils Kreuze, theils Ronds und Vierecke darstellen. Die Seidenbesätze tragen pnren einer nur noch undeutlichen Musterung; ihre Farbe ist röthlich-braun. Das geradlinige Kreuz der Mitte scheint aus Leinwand aufgesetzt. Deutlich erkennt man, wie die Stola dem Toten einfach zusammengefaltet die Hand gedrückt oder über den Arm gelegt in's Grab mitgegeben worden war. Wie die Pallien auf nen Bischof, so lässt dies Stück auf einen hier bestatteten Diaconus oder dgl. schliessen und ergänzt sich amit unsere Kenntniss des alten Priesterornates um ein Wesentliches. Alles aber beweist, welch' immense Vichtigkeit der Nekropole von Achmim und ihren Funden zukommt.

¹) Römische und byzantinische Seidetextilien, Fig. 4, Taf. XIV.
²) Farbig und in Naturgrösse zum ersten Male publicirt in meinem Werke über „Die römischen und byzantinischen idetextilien von Achmim-Panopolis" unter: „Ein Pallium Pontificium der justinianischen Zeit.

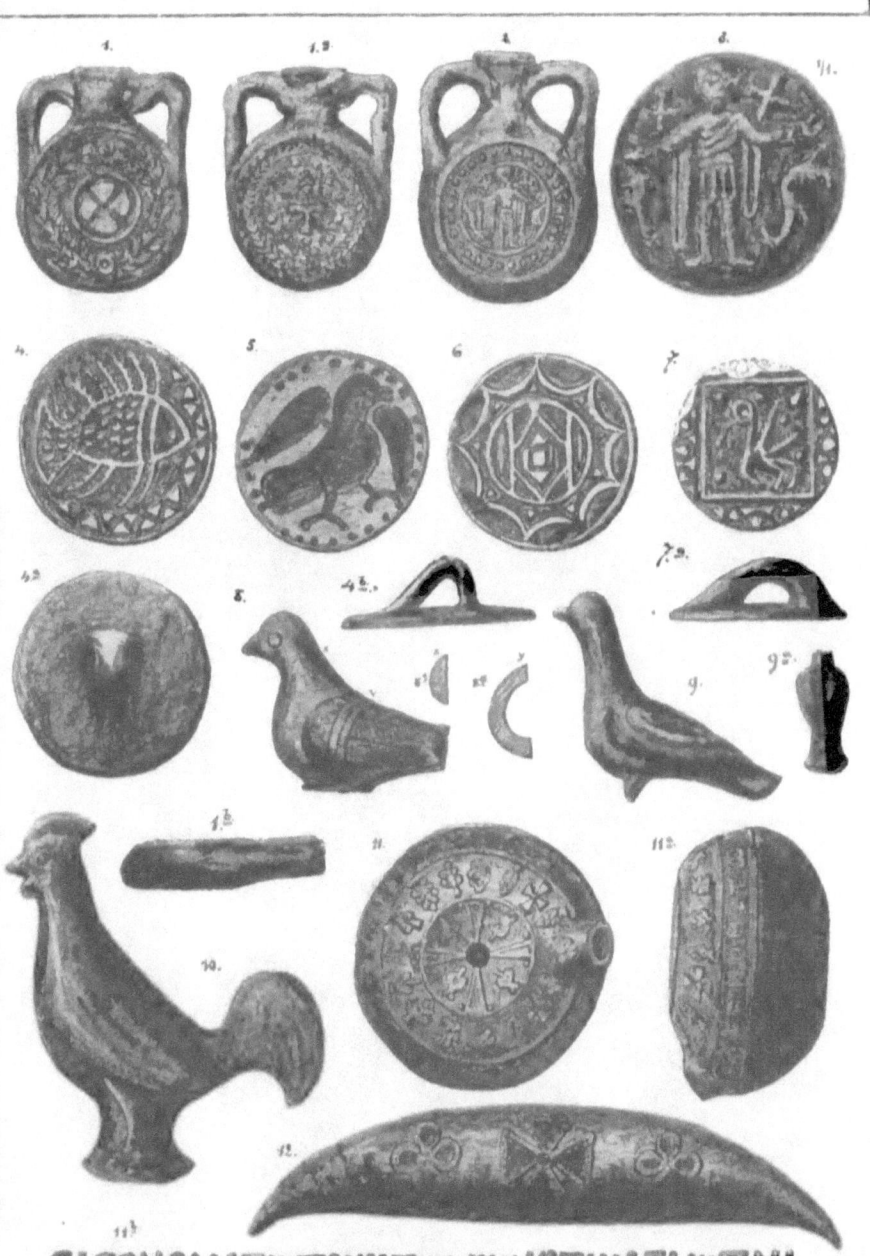

EICONOMATΩΠƒIK·TΩVIΩK·TΩΛEIΩΠNI   ½
nat.Gr.

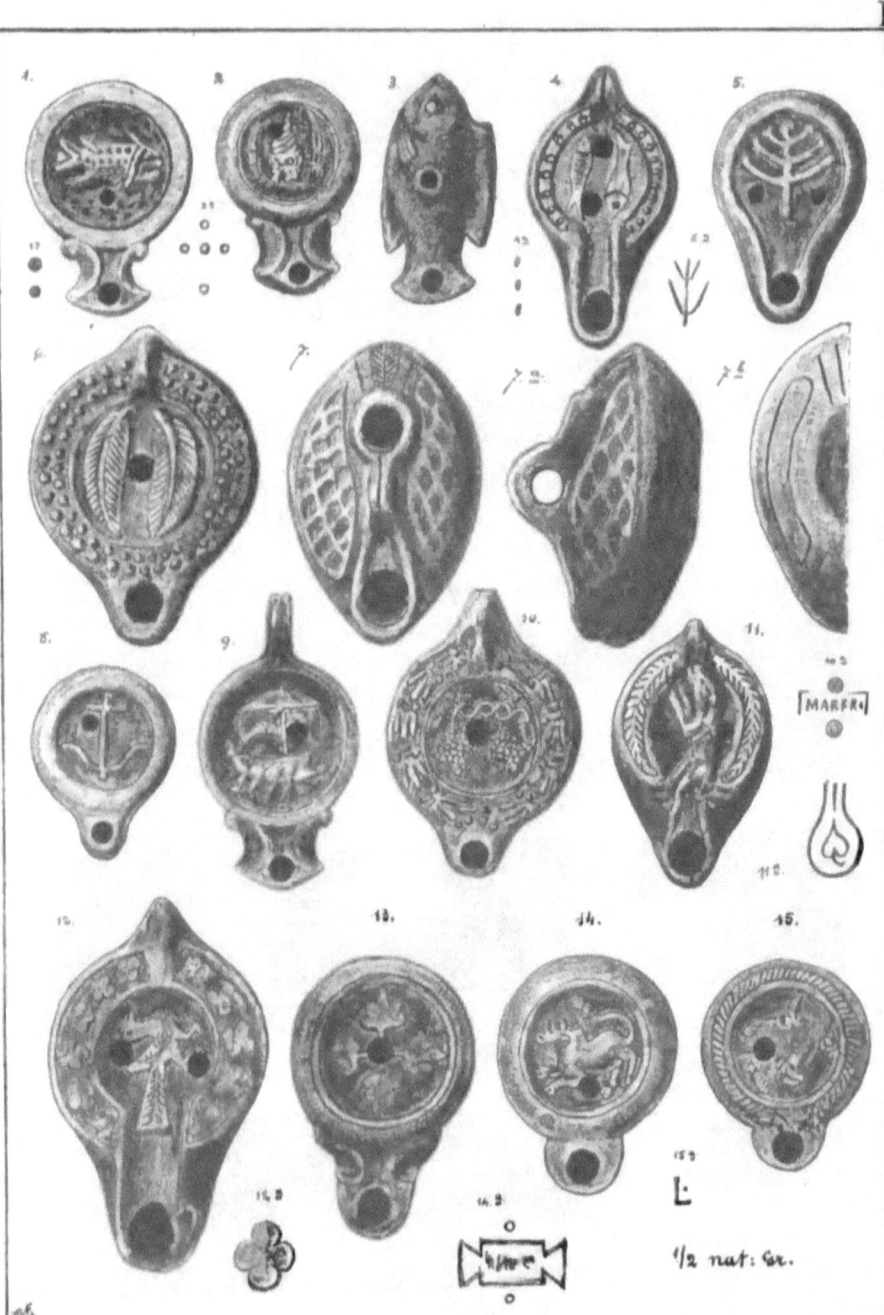

I

1/2 nat: Gr.

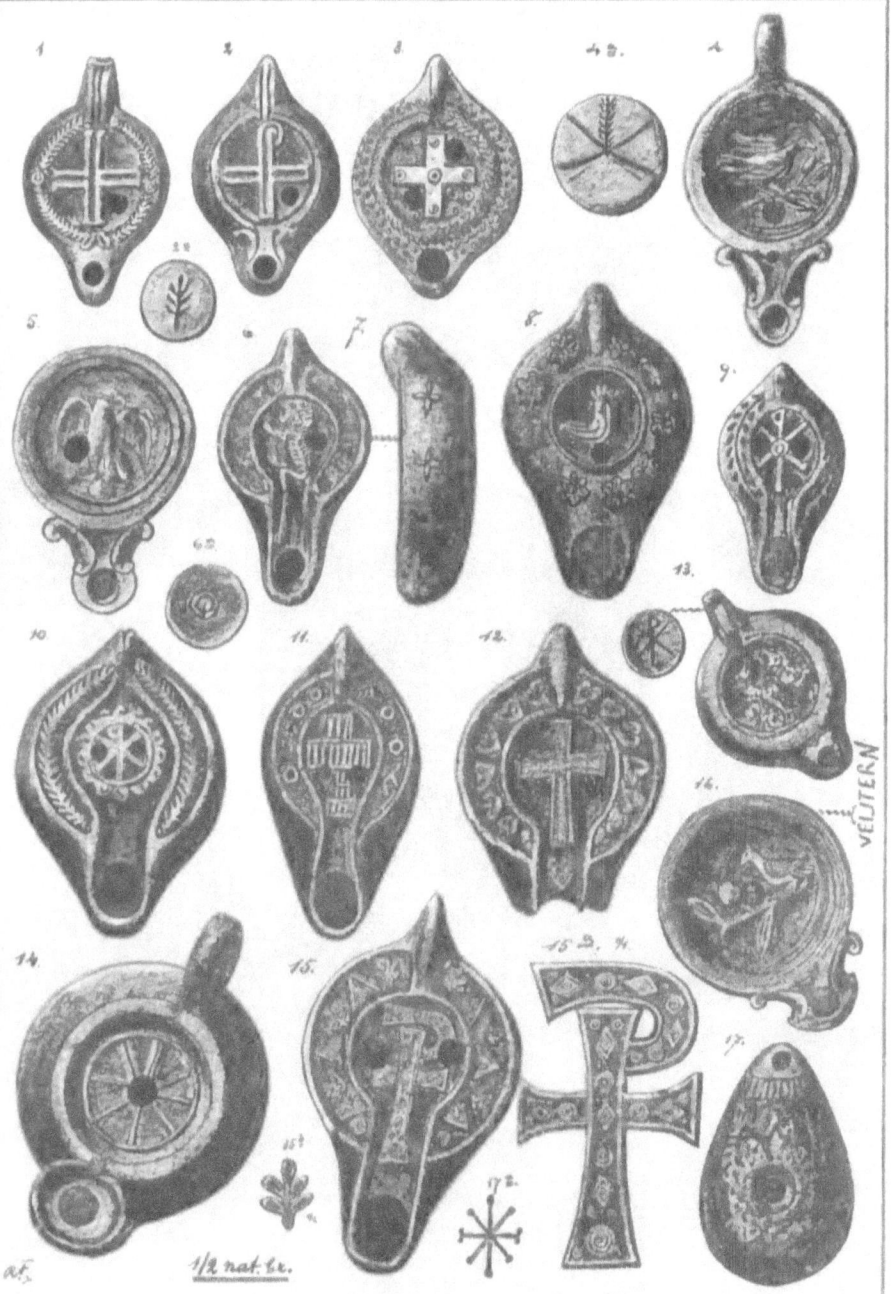

III

1/2 nat. Gr.

IV

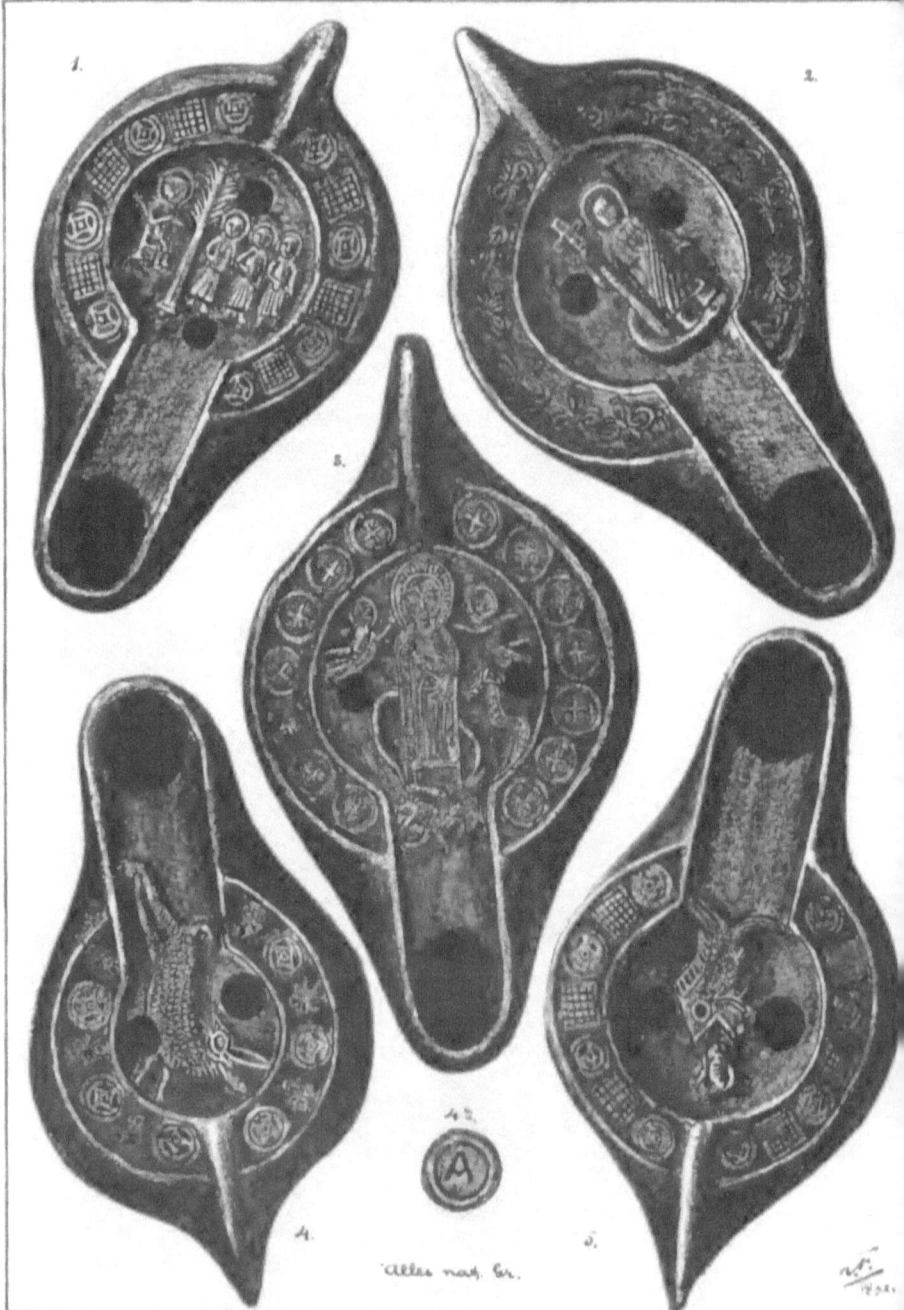

Alles nat. Gr.

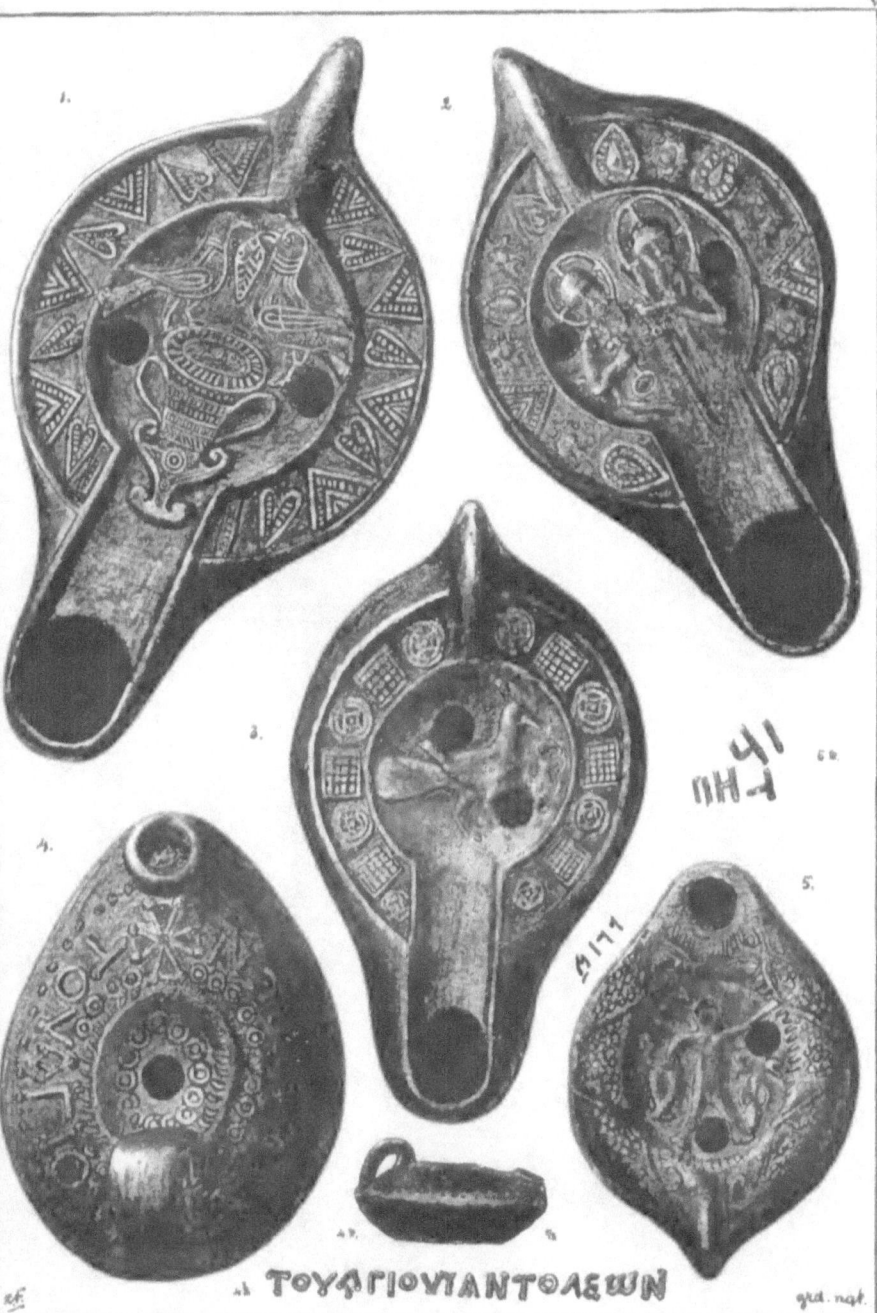

V

ΤΟΥ ΑΓΙΟΥ ΠΑΝΤΟΛΕΩΝ

VI

1.

2.

3.

1.ᵃ

4.

1.ᵇ

Grandeur nat.ᵉˡˡᵉ

ЄΡΕΠΖΟΘΙ⊂ΕΙ⊂ΠΕΧ⊂ΕΨΔ⊂ΜΘΥΡ̄ΕΨ⊂ΔΡΕΔ+ΦΡΟΘΙ⊂·ΕΨ
ΖΝΥΡΗΔΚΔΙ⊂ΤΔΚΤΗΚΔΙΚΔΕΙΔΔΠΦΤΩΝΙΜΔΤΙΧΗ⊂ΕΨΨ

Grdr. nat.

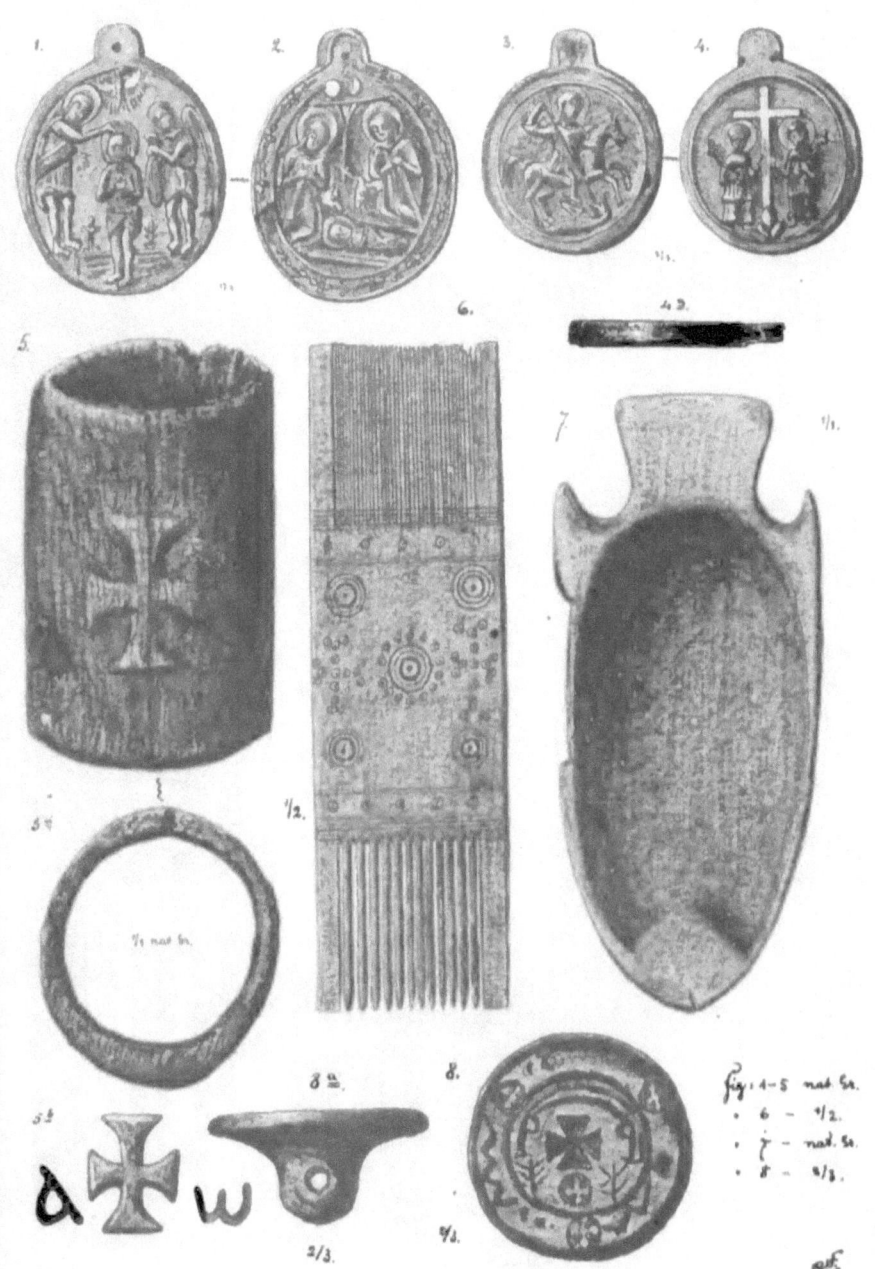

— naturl: grosse. —

Grds. nat. elle.

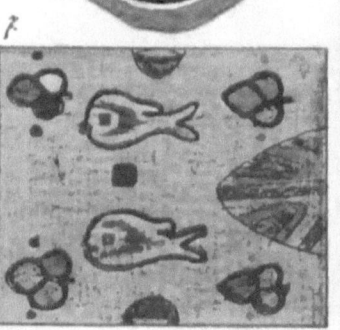

Alles 1/1 natürl. Gr.